한반도 평화

분단과 통일의 현실 이해

김학성 지음

지식과 문화

한반도 평화: 분단과 통일의 현실 이해

제1쇄 펴낸 날 2022년 1월 20일

지은이 김학성
펴낸이 박선영
주 간 김계동
디자인 전수연
교 정 김유원

펴낸곳 명인문화사
등 록 제2005-77호(2005.11.10)
주 소 서울시 송파구 백제고분로 36가길 15 미주빌딩 202호
이메일 myunginbooks@hanmail.net
전 화 02)416-3059
팩 스 02)417-3095

ISBN 979-11-6193-049-7
가 격 13,000원

ⓒ 명인문화사

지식과 문화

한반도 평화

분단과 통일의 현실 이해

김학성 지음

목차

도해목차

서문

2016년 명인문화사로부터 한반도 평화와 통일을 주제로 청소년들이 이해하고 생각해볼 수 있는 수준의 소책자를 저술할 것을 권유받았다. 전문성을 인정해준 것이 고마워서 그렇게 해보겠다고 무심결에 긍정적인 답변을 했지만, 막상 글쓰기를 시작하기란 쉽지 않았다. 무엇보다 그동안 전문학술지 이외에 대중을 대상으로 글을 쓴 적이 거의 없었기 때문이다. 쉽게 읽히도록 글을 쓰는 것이 쉬운 일이 아닐 뿐만 아니라 혹시나 본의가 왜곡되거나 쓸모없는 논쟁의 대상이 되는 것을 우려한 탓에 더욱 그러했다.

　나아가 저술요청을 받았던 당시의 한반도 상황은 소위 한반도 전문가로 행세하는 학자들을 곤란에 빠뜨리고 있었다. 1990년대 초 생존조차 불투명할 정도로 그 입지가 미약했던 북한 정권이 핵능력의 증대와 더불어 대외적 목소리를 한층 높이는 동안, 한국정부 및 사회의 북한에 대한 대응능력은 상대적으로 위축되었기 때문이다. 도대체 정책담당자나 한반도

전문가들은 그동안 무엇을 어떻게 했기에 그런 결과가 초래되었는지? 냉전종식이후 한국정부의 대북·통일정책이 남긴 것은 무엇이며, 한국이 현재 무엇을 할 수 있는지를 생각해보면, 자괴감만 커지는 시기였고, 당연히 그만큼 지적 반성이 요구되었다. 이런 처지에 청소년을 위한 맞춤형 글쓰기를 할 의무감이나 의욕도 당연히 낮을 수밖에.

그러나 2016년 말~2017년 초 시민들의 촛불시위, 그리고 2017년 한반도 전쟁 위기설을 경험하면서 생각이 바뀌었다. 더욱 정확히 말해서 어떤 의무감이 생겼다. 분단과 통일의 문제에 관한 지식은 정치가나 정책입안자를 비롯한 전문가의 전유물이 아니라는 것은 이미 당위적으로 알고 있었으나, 그동안 부합하는 실천적 행위는 없었다. 그러나 촛불시위를 통해 한반도 문제가 우리 사회의 공론장에서 다루어질 수 있다는 확신을 가질 수 있었다. 물론 그러하기 위해서는 먼저 시민들이 한반도 문제의 구조에 대한 기본적 지식을 바탕으로 대북·통일정책에 대한 비판과 지지를 할 수 있는 판단력을 가져야 할 것은 두말할 나위도 없다. 바로 여기에 필자가 기여할 수 있는 바가 있다는 생각이 들었다. 무엇보다 미래 우리 사회의 주역인 청소년이 건전한 시민으로서 성장하는 과정에서 한반도 문제에 관한 다양한 시각과 행위 기준을 접하고, 소통을 통해 공론을 만들어 가기 위한 기초 자료를 제공하는 것이 바로 그것이다.

이 책의 대주제는 한반도 평화이다. 6·25전쟁 이후 분단으로 인해 야기된 소위 한반도 문제에 대해 이야기할 때 가장 많이 사용되는 단어는 평화와 통일이다. 통일도 수단과 방법을 가리지 않는 것이 아니라 헌법에 명시되었듯이 평화통일이다. 그렇다면 한반도 문제의 핵심주제로 '평화'라는 표현을 선택하는 것은 당연하다. 실제로 한반도 평화는 그 자체로서 목표이자 통일의 수단일 뿐만 아니라 그 표현 속에는 한반도 내외의 정치·경제·사회·문화 현실이 복합적으로 반영되어 있다. 그러한 탓에 한반도 평화를 간단하게 규정하고 이해하기란 오히려 쉽지 않다.

이처럼 복합적인 내용을 함축한 탓에 사람마다 자신의 세계관과 입장에 따라 한반도 평화가 무엇인지에 관한 이해가 서로 다른 경우가 다반사이다. 한반도 평화의 적용 범위, 실천 방법론, 목표 등에 대한 상이한 이해들은 우리 사회의 남남갈등을 야기하는 한 원인이기도 하다. 그러니만큼 먼저 평화의 다양한 개념부터 이해하는 일이 우선되어야 할 듯하다. 평화에 대한 다양한 개념을 알게 된다면, 아마도 한반도 문제의 복잡한 현실이 더욱 명료하고 체계적으로 인식될 수 있으리라고 확신한다.

다만 어떠한 것이든 인문사회학에서 사용되는 개념을 제대로 이해하기 위해서는 지적 도전정신이 요구된다. 자연과학의 논리적이고 경계가 비교적 분명한 개념과 달리 인문사회학에서 사용되는 개념은 언어의 표현 한계를 비롯하여 문화적 다양성, 다의적 상징성, 그리고 역사성이 내재한 탓에 쉽게 이해되기는 어렵다. 개념을 알지 못하면 인간과 사회적 삶을 제대로 표현하거나 이해하는데 적지 않은 애로가 발생할 수 있기 때문에 쉽지 않더라도 개념 이해를 위한 노력은 항상 요구된다.

아무튼 여러 이유 탓에 이 책의 출간 시점이 예정보다 늦어졌다. 또한 쉬운 글쓰기 목표도 충실하게 달성된 것처럼 보이지도 않는다. 결과적으로 청소년뿐만 아니라 평화와 통일에 관심을 가진 모든 시민들이 읽을 수 있는 수준으로 확대된 듯하다. 이렇듯 목표대비 미약한 성과에도 불구하고 집필 과정이 무난히 마무리될 수 있었던 것은 오랜 세월에 걸쳐 많은 분들의 직간접적인 도움 덕분임을 새삼 깨달았다. 각종 유관학회에서 발표 및 게재된 논문을 두고 토론했던 학계의 선후배 동료들, 그리고 강의와 토론에 참여했던 제자들이 이 책을 탄생시킨 원동력이었기에 모든 분들께 감사의 말씀을 드리고 싶다. 나아가 가족들에게도 고마움을 표하고자 한다. 학자가 되는 과정은 물론이고 지금도 격려를 아끼지 않으시는 연로하신 부모님과, 남편이자 아빠가 학자이기 때문에 발생하는 여러 기회비용을 감수해온 아내와 아들에게 감사의 말을 전한다. 마지막으로 오랫동안 원고마감을 기다려주신 명인문화사의 박선영 대표님께도 미안함과 고마움을 표한다.

처음이자 마지막 연구년을 마치며
우면산 자락에서

서론

한반도 문제[1]는 남북한과 동북아 지역에 매우 커다란 영향을 끼쳐왔다. 그 결과 오늘날 남북한의 모습이 만들어졌고 지금도 만들어지고 있다고 해도 과언이 아니다. 이렇듯 역사성을 띠고 있을 뿐만 아니라 매우 광범한 이슈들을 포괄하는 한반도 문제에 대해 대다수 한국인들의 지적 관심은 의외로 그리 높아 보이지 않는다. 개인의 일상적인 삶, 특히 취업이나 당면한 가족 및 경제문제 등에 매달려 하루를 살아가기에 바쁜 일반 시민들이 분단으로 야기된 복잡한 공동체적 문제에 대

---

1) 전문가들은 한반도 분단에 연원하는 모든 문제를 흔히 '한반도 문제'라고 통칭하기 때문에 여기서도 그대로 사용한다. 즉 한반도 문제라는 용어에는 분단과 통일, 그리고 평화에 관한 내용들이 모두 포함되어 있다.

해 고민할 것을 요구하는 것 자체가 무리일 수 있다. 다행히 개중에는 한반도 문제에 관심을 가진 사람도 제법 있다. 그렇지만 이 문제를 제대로 이해할 수 있는 기회를 찾기란 쉽지 않다.

일차적으로 학교 교육에서 분단문제가 소외되고 있다. 초중고 학급에서 한국현대사 교육이 제대로 이루어지지 못한 지 제법 오래되었다. 입시에서 다루어지지 않는 탓에 입시 중심의 학교 교육에서 생략되는 경향이 매우 높다. 특히 남남갈등이 격화된 까닭에 현대사의 문제에는 정답이 하나일 수 없는 경우가 허다하기 때문에 더욱 그러하다. 물론 서점이나 도서관의 서가를 뒤져보면 한반도 문제에 관한 책들이 결코 적지 않지만, 대개는 특정 분야에 초점을 맞춘 전문서적이거나 대학교재이고 일반 시민이 이 문제를 조감할 수 있도록 집필된 교양서적은 찾아보기 어렵다. 설령 그러한 방향으로 편집된 교양서적을 발견하더라도 특정 이념 지향성을 가진 사회단체의 시민교육용 교재일 경우가 적지 않다. 시민교육용 교재는 통일부 기관인 '국립통일교육원'에서 매우 다양한 형태로 발간되고 있긴 하다. 매년 『통일백서』와 『북한백서』를 비롯하여 시민들의 눈높이에 맞춰 집필된 여러 종류의 교재들은 객관적 사실을 중시하고 있다는 점에서 긍정적 평가를 받을 수 있으나, 발간주체가 정부인만큼 정부정책을 비판하기 매우 어려운 처지 탓에 객관성을 온전히 담보하지 못한다는 약점이 내재해 있다. 나아가 적지 않은 수의 사회단체들이 통일교육에 관심을 가지고 다양한 형태의 시민교육을 실시하고 있으나, 이것 역시 특정 이념을 표방하는 경향을 보인다.

일반적으로 시민들이 한반도 문제에 관한 지식과 정보를 가장 손쉽게 얻을 수 있는 곳은 언론이다. 어떠한 언론이든 이 주제에 관한 보도나 논평을 거의 매일 하고 있기 때문에 언론의 영향력은 클 수밖에 없다. 그런데 언론의 지식제공 역할에 큰 기대를 하기는 사실상 어려우며, 심지어 우려가 앞서기도 한다. 상당수 언론 보도와 논평은 일반 시민들의 흥미를 유발하는 사안에 집중하는 경향이 높을 뿐만 아니라 사안의 구조 분석보다 현상에 대한 말초적 기술에 더 중점을 두고 있다. 심지어 특정 프레임(frame)을 만들어 독자나 시청자를 정해 놓은 인식틀 속에 가두려 하기도 한다. 남남갈등이 정치화된 오늘의 한국사회에서 언론 역시 보수와 진보로 나뉘어 치열한 프레임 경쟁을 하고 있다. 여기에 시민들 개개인의 경험과 세계관, 그리고 정부에 대한 지지와 반대 성향이 특정 언론에 대한 선호를 결정케 하고, 이를 등에 업은 언론의 프레임 경쟁은 남남갈등을 더욱 부추기며 정쟁의 수단으로 활용되는 경향마저 있다. 더욱이 인터넷 기술의 발전으로 소통의 네트워크가 확산되면서 소위 뉴미디어나 인터넷 플랫폼에서 활동하는 무수한 개인방송 활동에서는 가짜뉴스가 횡행하고 유언비어가 난무하며 정쟁을 부추기는 일이 일상적으로 일어나고 있다.

물론 탈산업사회화 및 지구화 추세가 민주화의 진전과 서로 맞물리면서 이익갈등은 물론이고 이념 및 문화적 다양성이 증대함에 따라 정치적·사회적 갈등의 잠재력이 커지는 것은 부인할 수 없다. 그러니만큼 공동체가 건전하게 유지될 수 있기 위해서는 갈등의 평화적 해결을 가능케 하는 사회적 기반 마련이 요구된다. 이와 관련하여 소통을 통한 갈등의 평화적 해결을 가능케 하는 제도와 문화를 갖춘 민주시민사회를 확립해야 할 필요성이 강조되곤 한다. 민주시민사회가 확립되기 위해서는 적절한 규칙 및 제도와 문화의 확립, 정당성을 가진 실천 윤리의 확보, 그리고 이에 관한 시민들의 지식습득 등이 뒷받침되어야 한다. 한국사회에서 민주시민사회 형성에 대한 목소리가 점점 높아지고, 이를 위한 민주시민교육의 필요성이 강조되는 것은 바로 그러한 이유에서다. 한국의 민주시민교육에 분단문제가 필수적으로 다루어져야 할 것은 당연하다. 분단이 끼친 지대한 영향 탓으로 정치화된 남남갈등의 현실을 넘어서는 것을 비롯하여 한반도 분단의 역사와 미래의 통일 준비에 관한 많은 것들이 한국의 민주시민교육에서 매우 중요한 부분을 차지할 수밖에 없기 때문이다.

그렇기에 민주시민교육의 틀 속에서 이루어지는 통일교육은 한반도 문제의 현실에 관한 정보를 제공하는 데 그치지 말고, 그 현실을 어떻게 바라보아야 할 것인지에 관한 기준을 제시할 수 있어야 한다. 이와 관련하여 한반도 문제가 어떠한 구조로 이루어져 있는지를 보여주는 것이 무엇보다 필요하다. 매우 많은 이슈들이 복합적으로 상호 연계되어 있는 한반도 문제를 단편적인 이슈별로 다루기만 한다면 장님 코끼리 만지기와 다를 바 없기 때문이다. 따라서 특정 이슈에 관한 상세한 정보를 얻는 교육에 앞서 시민들이 전체적인 구조를 알게 하는 교육이 중요하다. 그러할 때 시민들은 어떠한 새로운 정보를 비판적으로 인식하고 판단할 수 있는 기준을 얻게 될 것이고, 이에 따라 현재와 같은 남남갈등은 매우 다른 모습으로 진화할 수 있다. 구조적 접근은 행위자의 이익에 초점을 맞추는 접근의 한계를 보완할 수 있기 때문이다. 현재 남남갈등은 어떠한 행위가 옳은 것인지를 두고 이데올로기적 정쟁으로 발전하는 모습을 보이는 가운데 갈등 해결을 위해 일차적으로 요구되는 문제의식의 공유조차 어려운 실정이다. 물론 구조적 접근에서도 행위자들의 세계관에 따라 상이한 대안들이 제시될 경우에 갈등이 야기될 수 있다. 그렇지만 구조중심적 지식이 제공되면, 구조적 문제에 관한 인식 공유를 통해 적어도 갈등해결을 향한 공동의 출발점이 마련될 수 있다.

이렇듯 현실에 대한 비판적 인식과 갈등의 평화적 해결을 가능케 하는 민주시민교육의 틀 속에서 통일교육이 이루어져야 한다는 생각이 이 책을 집필하게 만든 기본 동기이다. 이 책은 한반도 문제의 매우 복잡한 이슈들에 대한 정보를 부분적으로 제공하는 기존의 책자들과 달리 독자들이 스스로 계몽의 기회를 확보할 수 있도록 돕는 지식의 제공에 초점을 맞춘 통일교육을 겨냥하고 있다. 이 맥락에서 특히 두 가지 점에 중점을 두었다. 하나는 방법론으로서 앞에서 언급한 구조적 접근이다. 구조적 접근이라고 해서 한반도 문제를 구성하는 다양한 이슈들에 대한 정보가 중요하지 않다는 것이 아니다. 이러한 정보들을 총체적으로 파악할 수 있는 지식의 기반 위에서 그러한 정보들이 비로소 진정한 의미를 가지고 올바로 활용될 수 있는 까닭에 구조적 접근이 중요하다. 다른 하나는 한반도 문제를 관통하는 핵심적인 키워드인 평화에 관한 다양한 생각들을 정리하는 것이다. 이를 통해 우리사회에 내재하는 평화개념에 대한 혼란을 정리하고, 평화정착을 위한 다양한 필요충분조건들을 알아봄으로써 한반도 문제의 주요 이슈별 실천과제들을 확인할 수 있기 때문이다.

한국사회에는 평화에 관한 이해가 혼란스러운 경우가 적지 않다. 다음의 세 가지 사례에서 그러한 경향이 분명하게 나타난다. 첫째로 평화가 좁은 의미의 안보적 맥락에서 주로 이해되는 경향이다. 6·25전쟁의 트라우마(trauma)가 한국인들에게 북한의 무력도발에 대한 우려를 지속적으로 상기시켜온 탓에 평화를 "전쟁이 없는 상태"로 이해하는 경향이 높은 편이다. 문제는 6·25 이후 한반도에 전쟁이 없었음에도 실제로 평화롭다고 느끼는 사람들이 별로 없다는 사실이다. 이처럼 일상적 이해와 달리 좁은 의미의 평화가 실제의 삶을 충족시키지 못하는 현실에서 넓은 의미의 평화개념에 대한 이해의 필요성이 대두된다. 둘째로는 평화가 수단적인 의미로 이해되는 경향이다. 분단의 평화적 관리라든지 평화통일이라는 단어에서는 평화가 마치 수단으로만 간주되고 있는 듯 보인다. 그렇지만 평화는 실제로 목적으로서의 의미를 더 강하게 가지고 있다. 분단관리 자체가 평화를 위한 것이고, 평화롭지 못한 통일은 누구도 원치 않는다는 점에 주목하면 자명해진다. 마지막으로 한반도 분단 상황에서 평화를 강조하는 진보는 통일반대 세력이라는 점을 내세워 평화 대신 통일을 강조해야 된다는 일부 극우 세력의 생각이다. 이는 남남갈등을 정쟁으로 내몬 전형적인 정치화된 논리이다. 한반도 통일을 전쟁으로 실현할 수밖에 없다고 생각하는 한국인들이 얼마나 될지? 만약 그렇게 생각하지 않는다면 한반도에 평화가 정착되지 않은 상황에서 평화통일이 성사될 가능성은 얼마나 될지를 따져봐야 할 것이다. 독일통일이 이루어진 직후 한국 사회는 북한 내부의 급변사태를 예측하거나 기대하기도 했지만, 30여 년이 지나도록 북한체제가 지속되고 있는 현실을 직시한다면, 한반도 평화정착을 위해 노력하는 것과 북한의 급변사태를 마냥 기다리며 통일준비를 외치는 것 중에 어느 것이 더 합리적인 태도인지?

이러한 생각과 질문들을 토대로 이 책은 크게 3부로 구성되어 있다. 제1부는 앞에서 설명했듯이 이 책이 지향하는 바에 맞추어 평화개념과 한반도 문제의 구조를 개괄적으로 정리하고 있다. 먼저 평화 이론가들의 생각을 정리하면서 평화의 조건들을 모색하고, 이 조건들을 한반도 문제에 적용하고자 한다. 이 과정에서 복합적 연계 구조를 가진 한반도 문제의 특성에 따라 남북관계, 국내환경, 국제환경의 세 차원별로 다양한 평화의 조건들이 포괄적으로 제시된다.

제2부는 한반도 문제를 구성하는 세 차원별로 분단의 현실을 살펴보며, 평화의 필요성을 확인하는 데 초점을 둔다. 먼저 국제환경 차원에서는 냉전종식 이후 동북아 정세의 변화를 안보, 국제제도, 문화의 시각에서 서술하고 한반도 문제에 미치는 영향을 분석하고 있다. 다음으로 남북관계에서 나타난 갈등과 협력 사례를 분야별로 정리하고 그 특징을 찾고 있다. 마지막으로 국내환경 차원에서 한국사회의 남남갈등이 실제로 어떠한 면모를 가지고 있는지 분석한다. 미리 밝혀 둘 것은 이 책에서 북한의 국내환경을 분석 대상으로 삼지 않는다는 점이다. 북한의 내부 환경에 대한 분석이 무의미하기 때문에 그러한 것은 결코 아니다. 북한은 냉전종식 이후 체제생존에 모든 것을 걸고 있다는 사실을 고려할 때 전체주의적 성격의 북한 내부 환경에서 어떠한 의미있는 굵직한 변화를 찾아내기 어려우며, 그렇기에 북한 내부를 구태여 언급하지 않더라도 분단현실을 설명하는 데 큰 문제는 없을 것이라는 판단 때문이다. 만약 필요하다면, 북한 전문가들의 저술이나 논문을 참조하면 될 것이다.

제3부는 평화의 조건들을 기반으로 삼아 한반도 문제의 세 차원별로 평화와 통일을 향한 실천과제를 모색하는 데 중점을 두고 있다. 국제환경 차원에서는 북한의 비핵화와 한반도 평화체제 정착을 위한 실천과제들을 찾았으며, 남북관계 차

원에서는 남북협력의 제도화를 위한 길에서 추진해야 할 과제들을 모색하고 있다. 국내환경 차원에서는 한국의 물질적·이념적 통일역량의 증대를 위한 실천과제를 제시하고 있다. 그리고 맺음말에서는 한반도 문제의 복합적 연계 구조를 고려하여 종합적으로 세 차원에서 찾은 실천과제들 사이의 연계적 내지 선순환적 추진 필요성을 재확인하고, 마지막으로 과제들의 추진 방식에 대해 개괄적으로 설명하고 있다.

제1부

평화란
무엇인가?

오늘날 평화는 인류가 추구하는 주요 목표인 동시에 행위의 도덕적 수단으로 여겨진다. 민주국가와 독재국가, 잘사는 나라와 못사는 나라, 강대국과 약소국을 막론하고 모든 현대국가가 평화의 이름으로 자국의 행위를 정당화하는 것이 바로 그 증거이다. 그러나 평화를 목표로 하는 행위가 항상 '평화로운' 것만은 아니다. 역사적으로 수많은 전쟁이 평화의 이름으로 시작되었을 뿐만 아니라 "평화를 원하거든 전쟁을 준비해라"는 로마의 금언이 오늘날에도 여전히 효력을 발휘하고 있다. 이를 비판하는 평화 운동가들은 "평화적 수단에 의한 평화"를 강조하지만, 그들의 주장이 현실정치에서 반향을 얻는 경우는 그리 흔하지 않다.

평화에 대한 생각의 차이는 분단된 한반도의 평화문제에도 그대로 적용된다. 우리는 분단과 전쟁을 경험한 탓에 전쟁이나 무력충돌이 없는 상태를 평화로 인식하는 경향이 강하다. 그렇다면, 6·25전쟁 이후 대규모 무력충돌이 없었던 대부분의 시간 동안 과연 한반도에서 평화가 지속되어왔다고 말할 수 있을까? 실제로 한반도 분단역사에서 무력충돌의 시간보다 그렇지 않은 시간이 더 길었지만, 무력충돌이 없는 시기에도 평화로웠다고 단언하기는 어려울 것이다. 남북한 사이의 팽팽한 군사적 긴장상태는 오히려 평화에 대한 갈망을 더욱 크게 만들기도 했다. 이와 같은 아이러니 상황에서 평화개념은 더욱 혼란스럽게 보인다. 그러므로 한반도 평화에 대한 본격적인 탐구에 앞서 평화연구를 직간접적으로 이끌었던 선구자들의 다양한 시각들을 간략하게 살펴봄으로써 평화를 어떻게 개념화 할 수 있는지, 또 평화가 이뤄지기 위해 어떠한 조건이 충족되어야 하는지를 먼저 알아볼 필요가 있다.

평화에 대한 다양한 시각

추상적 개념으로서 평화는 인류 역사의 여러 문명권에서 이미 오래전부터 다양한 의미를 가지고 있었다. 제2차 세계대전 이후 유럽의 제도와 문화가 국제사회의 보편적인 기준으로 확산되는 가운데 평화개념 역시 유럽인들의 이해가 범세계화됨에 따라 현대인들은 유럽전통의 평화개념을 공유하는 경향을 보인다. 그렇지만 이것으로 반드시 평화에 대한 인식과 이해방식이 세계적으로 동일화되었다고 말하기는 어렵다. 평화연구자들은 평화개념의 규정 방식에서부터 어떠한 상태를 평화라고 부를 수 있는지, 또 평화가 어떻게 달성·유지될 수 있는지 등에 대해 서로 다르게 이해하고 설명하기 때문이다. 예컨대 평화가 단지 목표일 뿐인지 아니면 수단까지 포함해야 하는지의 문제를 비롯하여 평화의 범주와 상태를 시간적·공간적으로 어떻게 규정할 것인지 등의 문제에 대해 상이한 생각들이 서로 경쟁한다. 실존 인식, 역사 해석, 그리고 미래 전망을 서로 달리하는 이념과 세계관들이 공존하고 있는 현실에서 평화에 대한 생각 차이는 피하기 어려워 보인다. 물론 다양한 생각과 주장은 평화에 대한 일반적인 이해를 매우 혼란스럽게 만드는 경향이 없지 않다. 그렇지만 현실세계에 공존하는 다양성과 여러 모순을 감안하면, 평화에 관한 서로 다른 이해가 전혀 이상한 일은 아니다. 오히려 각각 나름의 의미를 가지고 있기도 하다.

1. 평화개념

평화라는 개념은 동서양을 막론하고 오래전부터 각 문명권에 존재해 왔다. 다만 그 표현과 의미는 문명권 특유의 세계관과 사회적 조건에 따라 조금씩 달랐다. 고대의 평화개념은 대체로 세속적 삶의 문제를 넘어 종교적인 의미를 내포하기도 했다. 예를 들면 영어식 표현인 *peace*의 어원은 라틴어의 *pax*로서 '전쟁 없는 상태'를 뜻했으며, 고대 그리스의 *eirene*, 히브리어의 *shalom*, 고대 인도의 *shanti*는 '정의'(正義, Justice)와 '조화'(調和, Harmony)에 중점을 둔 평화를 의미했다. 또한, 중국에서 평화는 고대로부터 조(調)와 태평(太平) 등으로 표기되었으며, 특히 태평은 전쟁 없는 상태는 물론이고 정의와 조화를 모두 포괄하는 의미를 지녔다.

이렇듯 어원적으로 다양한 의미를 담고 있었던 평화개념은 근대유럽의 개막과 더불어 세속적인 의미를 강하게 띠기 시작했다. 즉 평화는 전쟁의 반대개념으로 이해되는 가운데 전쟁 없는 상태라는 의미로 점차 고착되었다. 대체로 국가 단위를 중심으로 발생했던 전쟁의 역사를 감안하면, 근대국가와 더불어 탄생한 국제사회에서 평화가 그렇게 세속적인 의미를 띠게 된 배경은 충분히 이해될 수 있다. 이러한 평화개념은 제2차 세계대전이 종식되기까지 근대유럽의 국제관계를 지배해왔다.

제2차 세계대전 이후 인권, 자유, 평등, 민주 등 유럽의 근대적 가치가 세계적으로 확산되는 가운데 세계대전의 경험에서 거듭난 평화의식 역시 보편화의 길을 걷게 되었다. 두 차례의 세계대전을 경험한 이후 전쟁을 원천적으로 막아야 한다는 의지로 강하게 무장한 서구의 지성들은 평화를 더 이상 국가 사이의 전쟁 없는 상태로만 이해하는 것을 거부했다. 대신에 국가 내부의 사회관계와 국경을 넘나드는(transnational) 사회관계에서 발생하는 유·무형의 모든 사회경제적 폭력이 없는 상태를 평화개념에 포함시켰다. 국가 간 전쟁의 근본적 원인에 주목했기 때문이다. 이로써 평화는 개인, 사회, 국가, 세계를 막론하고 어떠한 종류의 갈등도 없는 상태를 의미하는 것으로 이해되기 시작했다.

평화개념이 확장되는 배경에는 평화연구자들의 기여가 컸다. 대표적인 평화연구자인 갈퉁(J. Galtung)은 1960년대 말

즈음에 평화를 '소극적 평화(negative peace)'와 '적극적 평화(positive peace)'로 구분하여 설명하기 시작했다.[1] 그에 따르면, 소극적 평화는 물리적 폭력이 없는 상태를, 적극적 평화는 물리적 폭력과 다른 어떤 것, 예컨대 사회계급과 같이 사회경제적 차이로부터 발생하는 '구조적 폭력'이 없는 상태를 각각 의미한다. 구조적 폭력이라는 새로운 개념은 기존의 평화개념을 확대하는 데 중요한 전기를 마련했다.

문제는 평화개념을 아무리 세련되게 규정한다고 할지라도 평화가 명확하게 이해되기는 결코 쉽지 않다는 점이다. 예컨대 갈퉁의 소극적 평화개념을 인정하더라도, 과연 어느 정도의 시간 동안 전쟁이 없으면 평화라고 할 수 있을지? 평화는 단지 한 전쟁과 다음 전쟁 사이의 기간을 의미하는지? 만약 그렇다면, 평화는 휴전상태와 다르지 않을 것이다. 구조적 폭력과 연관되어서도 이해의 어려움이 있다. 평화는 사회정의가 실현되지 않으면, 불가능한 것인지? 그렇다면, 사회정의를 구현하는 것이 급선무이나, 사회정의도 다양하게 이해된다는 점에서 또 다른 어려움이 있기도 하다. 나아가 공간적으로 지역평화와 세계평화의 관계도 애매하다. 지구화와 더불어 상호의존성이 점증하는 현실에서 지역평화는 어떠한 의미를 지니고 있는지? 만약 민주주의 국가들 사이에는 전쟁이 일어나지 않는다는 '민주평화론(Democratic Peace)'의 주장이

---

1) Johan Galtung, "Violence, Peace, and Peace Research," *Journal of Peace Research*, No.6 (1969), pp. 167-191 참조.

옳다면, 서유럽국가들은 발칸반도나 우크라이나 등 주변 지역에서 발생한 전쟁 내지 분쟁으로부터 아무런 영향을 받지 않을 수 있는지? 그렇지 못하다면, 평화는 공간적으로 나누어질 수 없기 때문에 지역평화와 세계평화는 단순히 분리되기 어렵다.

이러한 의문들이 꼬리를 물고 제기되는 근본 이유는 모든 사람이 바라는 평화가 현실에서 존재하지 않기 때문이다. 예로부터 항상 그러했듯이 우리는 평화를 상상할 수 있으며, 이를 이루기 위해 무엇이 필요한지 알고는 있지만, 원하는 평화를 진정으로 이루지 못하고 있다. 그렇기 때문에 독일의 국제정치학자 챔필(E.-O. Czempiel)은 평화를 개념화하는 것으로써 문제를 해결하지는 못하며, 다만 문제에 어떻게 접근할 것인가를 알 수 있을 뿐이라고 말한다.[2]

그럼에도 불구하고 평화연구자들은 불완전하나마 평화를 경험적 묘사의 대상으로 간주하고, 명시적 또는 묵시적으로 평화에 대해 각자 나름의 생각을 제시하고 있다. 이들의 다양한 생각은 대체로 세 가지 범주로 묶어볼 수 있다. 첫째, 가장 보편적인 이해 방식으로서 평화를 단순히 전쟁 없음의 현상으로 이해하는 시각이다. 여기서 평화는 '현상'으로 드러나는 특정한 상태로 인식되는 경향이 강하다. 둘째, 평화를 특정 목표를 향해 나아가는 '과정'으로 보는 시각이다. 여기서

---

2) Ernst-Otto Czempiel, "Der Friede − sein Begriff, seine Strategien," *Beiträge zur Konfliktforschung*, Nr. 4 (1988), p. 5.

그 목표와 내용은 역사와 더불어 발전하기 때문에 고정불변한 것이 아니라 시대의 흐름에 따라 변화한다. 셋째, 평화운동가들이 애용하는 '비판' 시각이다. 이들은 평화를 특정 목표에 도달한 어떠한 상태로 간주하고, 그 목표를 기준으로 삼아 현실을 비판적으로 바라봄으로써 현 상황의 평화 지향적 변화를 촉구하고자 한다.

이렇듯 평화에 대한 시각이 다양하지만, 서로 배타적이라고 말하기는 어렵다. 우리가 살고 있는 현실세계가 너무나 복잡하고 모순적이기 때문에 그러하다. 그렇지만 평화의 실현에 초점을 맞추면, 이러한 시각의 차이는 각각의 현실 이해, 방법론적 타당성, 실현 가능성, 윤리성 등의 측면에서 큰 차이를 낳게 된다. 이는 세 시각이 명시적·묵시적으로 내세우는 '평화의 조건,' 즉 평화를 성취하기 위한 필요·충분조건들을 자세히 들여다보면, 비교적 분명해진다.

2. 평화의 조건

1) 현상 중심적 시각

평화를 전쟁 없는 상태로 이해하는 시각은 국제정치학의 주류를 이루는 '현실주의' 학파에서 찾아볼 수 있다. 전쟁을 국가의 전유물로 간주하는 이 학파는 국가에 존재하는 정부와 같이 법·규범으로 질서를 유지하도록 위임받은 주체가 없는 국제사회의 성격, 즉 무정부상태(anarchy)에 주목한다. 이러한 성격의 국제사회에서 모든 국가는 무력을 통해 자신의 의지를 실현하려는 탓에 전쟁이 일어난다는 것이다. 전쟁이 발생하고 그 결과로서 승패가 확인되면, 힘에 의한 질서가 만들어질 수는 있다. 그렇지만 일단 정립된 질서도 새로운 힘에 의해 언제든지 도전을 받기 때문에 불안정하다. 이렇듯 국제사회의 무정부상태에 주목하는 현실주의자는 국가 사이의 전쟁 없는 상태, 또는 강한 국가에 의해 유지되는 잠정적인 질서를 평화로 생각한다.

현실주의적 시각은 매우 오랜 역사를 가지고 있다. 그리스 시대의 군인이자 역사가였던 투키디데스(Thucydides)를 비롯하여 중세 및 근대 유럽의 사상가들은 전쟁이 빈번했던 당시의 상황에서 힘의 논리에 따른 국가생존에 관심을 집중했다. 이들에 따르면, 전쟁은 생존을 위한 힘의 추구 탓에 발생하는 것이다. 모든 국가가 생존을 위해 힘을 추구하게 되면 자연스럽게 '세력균형(balance of power)'이 발생하며, 이는 전쟁을 방지하고 평화를 유지시키는 기제가 된다. 국가들 사이에 힘이 균형을 이루게 되면 전쟁에서 승리를 장담할 수 없기 때문에 어떠한 국가도 감히 전쟁을 일으키지 못할 것이기 때문이다. 따라서 현실주의는 '세력균형'을 평화의 조건이라고 주장한다. 이러한 생각은 유럽역사의 경험을 토대로 한 것으로서 그 이면에서 이루어지는 역사 해석은 나름의 철학 내지 세계관을 가지고 있다.

현실주의 학파는 특정한 세계관을 공유하고 있다.[3] 크게 세 가지로 요약해보면, 첫째로 인간 본성을 비관적으로 생각한다. 인간은 본성적으로 권력을 갈망하며, 이는 갈등을 야기하는 원천으로서 불변의 객관적 법칙이라는 것이다. 집단이나 국가의 속성 역시 인간의 본성을 그대로 반영하고 있다는 점에서 결국 전쟁은 불가피한 현상이 아닐 수 없다. 둘째, 국제사회에서 국가가 추구하는 최대 가치는 힘을 기반으로 생존하는 것이다. 무정부상태에서는 아무도 도와주지 않기 때문에 스스로 생존하기 위해 국가가 힘을 추구하는 것은 당연하다. 국가들이 힘을 추구하는 행위의 결과로 국제정치의 질서가 결정된다. 셋째, 국가의 정치적 행위에 대해 옳고 그름을 판단하는 윤리적 기준은 사람들의 일반적인 행위에 대한 그것과는 다르다. 일반적인 행위윤리는 동기 내지 의도가 선한 것인지 악한 것인지를 기준('심정윤리')으로 삼는 데 반해 정치적 행위윤리는 결과만을 기준('책임윤리')으로 삼아야 한다는 것이다. 즉 국가가 동기나 의도의 선악과 관계없이 어떠한 일을 하든지 이것이 국가생존에 기여했다면 옳고, 그렇지 않으면 잘못된 것이라는 생각이다.

　현대 국제정치학의 창시자인 모겐소(Hans J. Morgenthau)에 따르면, 세계정부가 있다면 전쟁이 통제될 수 있겠지만,

---

3) H. J. Morgenthau, *Politics Among Nations: The Struggle for Power and Peace*, 5th Edition (N.Y.: Alfred A. Knopf, 1973), pp. 3-15 참조.

역사적으로나 현실적으로 세계정부란 현실성이 없는 이상적인 구상에 지나지 않기 때문에 전쟁을 막을 수 있는 현실적 대안이 필요하다. 그는 대안으로서 일반적인 사회원칙들 중의 하나인 세력균형을 제시했다. 문제는 권력투쟁의 결과로서 만들어지는 세력균형이 안정적이지 못하다는 사실이다. 국가권력의 양적 평가가 어렵기 때문에 어떤 국가도 자국의 국력을 과대평가하거나 타국의 국력을 과소평가할 수 있다. 국가 간 상호불신이 항상 존재하는 국제사회에서 국력평가에 오판이 발생할 경우, 세력균형의 상태에서도 언제든지 전쟁이 일어날 수 있다.

모겐소는 현대 국제정치에서 세력균형이 불안정한 이유가 그 원칙의 오류에 있는 것이 아니며, 실제로는 그 원칙이 적용되는 배경조건에 기인한다고 주장한다. 19세기 전반기 유럽의 세력균형은 비교적 안정적으로 유지될 수 있었던 데 반해, 제2차 세계대전 이후 전 세계로 확산된 세력균형은 불안정했다는 것이 그 증거이다. 19세기 유럽의 세력균형은 유럽의 문화와 윤리적 동질성 덕분에 제대로 작동할 수 있었으나, 제2차 세계대전 이후 국제사회는 문화적·윤리적으로 너무나 다양한 탓에 세력균형의 원칙에 대한 이해가 동일하지 않다는 점은 분명하다. 요컨대 문화적·윤리적 다양성은 소통 및 상호이해를 위한 필수적 기반인 규범적 기준이나 상호신뢰의 확립을 방해함으로써 세력균형의 원칙이 안정적으로 작동하지 못하는 근본 원인을 제공한다는 것이다.

이러한 현대 국제사회의 현실에서 모겐소는 평화의 기본조건인 세력균형을 안정적으로 위해 '외교'에 주목한다. 즉 국가들 사이의 합의와 이를 가능하게 만드는 수단으로서 외교의 중요성이 강조된다. 그는 냉전시기 미국과 소련의 대결 속에서 세력균형에 의한 평화를 안정적으로 유지할 수 있는 방법을 '수용을 통한 평화(peace through accommodation)'라고 이름 짓고 외교를 핵심적 도구로 간주했다. 그의 생각은 "평화를 위해서는 악마하고도 대화할" 수 있어야 한다는 현실주의자들의 생각과 연결되어 있다. 뿐만 아니라 그 생각은 실제로 냉전시기 소련과 치열한 군비경쟁과 나란히 대화와 협력을 지속했던 미국의 현실주의 외교정책을 지탱하는 이념적 기반이었다.

물론 모든 현실주의자들이 모겐소의 생각에 전적으로 동의하는 것은 아니다. 특히 국제정치학의 과학화를 강조했던 왈츠(Kenneth N. Waltz)는 국제체계의 성격, 특히 세력균형이 몇 개의 강대국으로 이루어지는지에 따라 안정여부가 결정된다고 판단했다. 구조를 중시하는 왈츠는 국제사회의 변화란 서로 다른 힘을 가진 국가들 사이의 상호작용에 의해서만 가능하다고 전제하고, 국제사회를 움직이는 강대국의 숫자가 세력균형의 안정 여부를 좌우한다고 주장한다.[4]

왈츠는 냉전시기 미소 대결처럼 두 개의 강대국이 세력균

---

4) Kenneth N. Waltz, *Theory of International Politics* (Reading, Mass.: Addison-Wesley, 1979), pp. 88–101.

형을 이루는 '양극체제(bipolar system)'가 가장 안정적이라고 말한다. 그러나 현실주의 내에는 하나의 패권국으로 구성된 '단극체제(unipolar)'가 더 안정적이라는 주장도 있다. 역사적으로 로마, 영국, 그리고 미국의 패권이 세계의 질서를 유지하고 평화를 보장했다는 의미에서 'Pax-Romana,' 'Pax-Britannica,' 'Pax-Americana'라는 표현은 그러한 주장을 반영한다. 나아가 강대국이 셋 이상일 경우에 더 안정적이라는 주장도 있다. 19세기 나폴레옹 전쟁 이후 형성된 '비엔나체제'에서 네 개의 강대국(영국, 프랑스, 오스트리아, 러시아)이 경쟁적 협조(concert of Europe)를 통해 60여 년간 유럽에서 평화를 가능케 했던 사례가 흔히 거론된다. 이처럼 현실주의 학파 내에서 어떠한 세력균형이 평화에 제대로 기여하는지에 대해 합의가 이루어져 있지는 않으나, 강대국의 숫자와 그들 사이의 상호작용이 평화에 결정적인 영향을 미친다는 점에 관해서는 대체로 공감대가 이루어져 있다.

이러한 생각들을 종합해 보면, 현실주의는 강대국 중심의 시각을 가지고 있다는 점이 분명해진다. 물론 약소국에게도 그러한 시각을 아는 것은 매우 중요하다. 힘의 지배가 실제로 이루어지는 국제사회의 현실을 약소국도 생존을 위해 명확하게 이해할 필요가 있기 때문이다. 특히 약소국은 강대국과의 동맹을 통해 생존의 가능성을 최대로 높이는 노력을 하지 않을 수 없다. 또한, 강대국들 사이의 세력균형도 수많은 약소국들의 자발적 내지 강요적 선택에 의해 변화될 여지가 없지 않다. 예를 들면, 약소국도 특정한 세력분포를 보이는 국제정치적 상황에서 우월한 지위의 강대국을 동맹으로 선택하는 '편승(bandwagon)'이나, 또는 상대적으로 열세의 강대국을 선택하여 전반적인 '균형(balance)'을 잡는 데 일익을 담당하려 하기도 한다. 어떠한 선택을 할지는 각자 자국의 이익을 극대화하는 길을 찾으려는 전략에 달려있다. 어떠한 경우든 그 선택으로 인해 자국은 물론이고, 결과적으로 국제질서의 안정, 즉 평화 상태가 영향을 받게 된다.

2) 과정 중심적 시각

평화를 과정으로 보는 시각은 국제정치학의 '자유주의' 학파에서 대표적으로 찾을 수 있다. 이 학파는 현실주의 학파와 비교해서 내부적 동질성의 수준이 낮을 뿐만 아니라 이론적 상호경쟁도 훨씬 심하다. 그러한 만큼 자유주의자들이 말하는 평화의 조건들도 다양하다. 다만 자유주의라고 통칭되는 이유는 비슷한 세계관을 공유하고 있기 때문이다. 이들의 세계관은 현실주의 학파와 대비되는 다음 세 가지 특징으로 요약될 수 있다.

첫째, 현실주의의 비관론과 대비되는 낙관론적인 인간관을 가진다. 인간을 권력욕망에 사로잡힌 존재로만 보지 않고, 이성을 기반으로 계몽의 길을 걷는 존재로 인식한다. 그러므로 세상에는 항상 권력투쟁을 위한 갈등만 있지 않고,

오히려 이익을 증대시킬 수 있는 협력이 더 많이 있다고 믿는다. 둘째, 현실주의의 순환론적 역사관에 대비되는 진화론적 역사관을 가지고 있다. 즉 현실주의는 역사에서 전쟁이 끊임없이 반복되어왔음을 지적하며 권력투쟁을 역사의 원동력으로 생각하지만, 자유주의는 인간의 학습능력 덕분으로 지식과 제도가 축적됨에 따라 역사가 누적적으로 진보한다고 주장한다. 셋째, 현실주의는 자유주의를 인간의 완벽성이나 통일된 세계관을 추구하는 공허한 이상주의로 매도하지만, 자유주의는 이를 오해라고 말한다. 자유주의의 일차적 관심은 기본적으로 인간이 가진 다양한 이익들을 어떻게 조화시킬 것인가에 있다. 또 이런 조화도 자동적으로 이루어지는 것이 아니라 노력을 통해서만 이루어질 수 있는 것으로 생각한다.

세계관에서 엿볼 수 있듯이 자유주의는 계몽을 통한 진보의 과정에서 평화의 조건을 찾고 있다. 이러한 평화의 조건은 경제적, 사회적, 정치적 성격을 띠며 곳곳에서 발견된다. 미트라니(D. Mitrany)에서 출발하는 기능주의 통합론은 평화의 경제 및 정치적 조건을 잘 보여준다. 그는 1919년 제1차 세계대전이 종료된 후 미국 대통령 윌슨(T. W. Wilson)의 자유주의에 기초한 국제연맹(League of Nations)이 세계평화에 실질적으로 기여하지 못하고 제2차 세계대전으로 끌려간 배경을 검토하면서 '기능주의 통합론'을 대안으로 제시했다. 그의 대안은 현대사회의 특징이 충분히 반영된 국제평화체제를 만드는 방법에 대한 고민의 결과이다. 무엇보다 그는 현대사회에서 모든 국민이 복지문제에 점점 더 큰 관심을 보임에 따라 각국 정부는 무역과 기술협력 등 상호의존적 관계를 긴밀하게 함으로써 공동의 이익을 증진하는 데 매진할 수밖에 없는 현실에 주목했다. 국가들이 경제, 기술, 인적 교류 등 경제 및 사회분야에서 상호이익을 증대시킴에 따라 경제부문의 협력이 정치협력을 유발하게 되는 소위 '파급효과(spill-over effect)'가 발생한다. 이를 통해 결국에는 국가 사이의 정치통합이 이루어짐으로써 평화가 실현될 수 있다는 것이 바로 기능주의 통합론의 요지이다.[5]

미트라니의 주장은 하스(Ernst B. Haas)의 주장에 의해 수정되었다. 하스는 '파급효과'가 자동적으로 발생하지 않는다는 점에 주목했다. 그는 유럽통합과정을 사례로 들면서 통합을 위해서는 정치공동체 형성을 위한 정부 간 노력이 반드시 필요하다고 주장했다. 이처럼 정치적 조건을 보완한 그의 이론은 '신기능주의'로 명명되었다. 신기능주의에 따르면, 정치공동체(정치통합)는 두 가지 핵심적 전제조건이 충족될 때 비로소 성립될 수 있다. 하나는 공동체를 구성하는 중앙제도가 존재해야 한다는 것이고, 다른 하나는 다원적 사회구조, 엘리트의 집단적 기대, 그리고 정책결정의 관료화 등 여러 분야에

---

5) David Mitrany, *A Working Peace System* (Chicago: Quadrangle Book, 1943), p. 38 참조.

서 국가들 사이에 상호 유사성이 있어야 한다는 것이다.[6] 요컨대 (신)기능주의 통합론이 생각하는 평화의 조건은 국가들 사이의 경제적 상호의존, 인적 교류 및 협력, 정치사회적 유사성 등을 바탕으로 정치통합을 향한 상호 노력이다.

(신)기능주의적 통합론과 달리 사회적 조건에 주목한 자유주의도 있다. 대표적으로 도이취(K. W. Deutsch)의 커뮤니케이션 이론을 들 수 있다. 그는 '다원적 안보공동체(pluralistic security community)'라는 개념을 만들었다. '다원적 안보공동체'란 전쟁을 단순히 억제하려는 것이 아니라 근본적으로 방지하기 위해 구상된 일종의 국제제도이다. 그에 따르면, 안보공동체는 통합된 국민들의 집단이다. 여기서 '통합'이란 주어진 영토 내에서 평화에 대한 기대를 충분히 확인시킬 수 있는 공동체 의식과 제도 및 실천이 이루어지는 상태를 의미한다.[7] 도이취가 일차적으로 중요하게 간주하는 요소는 공동체 의식, 즉 '우리라는 감정'이다. 그는 무역, 이민, 관광, 문화 및 교육교류 등의 상호거래와 의사소통 장치의 확산을

---

6) Ernest B. Haas, *The Uniting of Europe: Political, Social and Economic Forces 1950–1957* (Stanford, Calif.: Stanford Univ. Press, 1959), pp. 9–10; "The Uniting of Europe and the Uniting of Latin America," *Journal of Common Market Studies*, Vol.5, No.4 (1967), p. 32 참조.

7) Karl W. Deutsch, et als. eds., *Political Community and the North Atlantic Area* (Princeton: Princeton Univ. Press, 1957), p. 5

2장 평화에 대한 다양한 시각 • 27

통해 정치엘리트 및 대중들에게 공동체의식이 생성되고 사회적 유대가 확립될 수 있다고 말한다. 그는 안보공동체의 형성에 직접적인 영향을 주는 요인으로 크게 여섯 가지를 들고 있다. ① 의사소통의 증대, ② 상호거래의 양적 확대, ③ 공동의 규범과 행위양식을 창출하는 학습과 사회화 과정, ④ 약소국들을 끌어들일 수 있는 '권력의 핵심', ⑤ 안보공동체의 형성을 도울 수 있는 선행 국제제도들, ⑥ 정책 결정능력을 가진 엘리트들의 지도력이다. 도이취가 제시했던 이 요인들은 곧 평화의 사회적 조건과 일치한다.

평화의 정치적 조건은 '민주평화론'에서 찾을 수 있다. 도일(M. W. Doyle)이 제시한 민주평화론은 18세기 저명한 독일 철학자 칸트(Immanuel Kant)의 '영구평화론'에서 영감을 얻은 것이다. 도일은 칸트의 가설, 즉 "자유공화국 간의 '평화적 연합'은 연방화 과정을 겪으면서 점진적으로 더욱 많은 자유공화국을 포괄하게 되며, 이는 결국 영구평화를 이끌어낸다"는 것을 바탕으로 19세기 초부터 발생한 전쟁들을 통계적으로 분석함으로써 자유·민주 국가들 사이에 전쟁이 발생하지 않았다는 사실을 발견했다. 그러나 자유나 민주주의 자체가 평화의 중심 조건이라고 말하지는 않는다. 역사적·현실적으로 자유민주적 국가도 전쟁을 해왔기 때문이다. 다만 이런 전쟁은 대부분 비자유민주적 국가를 대상으로 자유와 민주적 가치를 수호하기 위해 일어난 것이었다. 물론 자유민주 국가 사이에만 국한되는 '분리된 평화(separate peace)'가 가능한 이유에 대해서는 아직도 많은 논쟁이 있다. 도일은 단지 이론의 정립 차원에 머물지 않고 평화지역을 확대하기 위해 비자유민주적 국가에 대한 자유민주적 국가들의 외교정책이 중요하다고 말한다. 이와 관련하여 그는 다음 세 가지 원칙을 제시했다.[8] 첫째, 비자유민주적 국가에 대해서도 일반적인 자유주의 원칙들(인권, 시민권, 민주주의, 세계시장경제 등)을 적용할 것. 둘째, 안보와 생존을 위한 현실주의의 신중함(prudence)을 항상 염두에 두되, 경제적 부담이 발생하더라도 비자유민주적 국가들에 대한 경제적 지원과 상호의존을 지속할 것. 셋째, 자유주의의 원칙을 침범하지 않는 범위 내에서, 또 장기적인 이익의 관점에서 비자유민주적 국가와 상호 호혜적인 타협을 이룰 것이다. 이 원칙들은 탈냉전시대에 접어들어 클린턴 미 행정부가 비자유민주적 국가에 대해 적용한 '관여정책(engagement policy)'의 이론적 배경으로 작용하기도 했던 것으로서 현실 국제관계에서 평화를 위한 정치적 조건으로 간주될 수 있다.

자유주의 계열에 속하지만 실제로는 현실주의와 닮은 신자유제도주의 역시 무정부상태의 국제사회에서도 국가 간의 제도적 협력이 발전할 수 있는 가능성을 이론적으로 보여줌으

---

8) Michael W. Doyle, "Kant, Liberal Legacies, and Foreign Affairs," in M. E. Brown, S. M. Lynn-Jonnes, & S. E. Miller (eds.), *Debating the Democratic Peace* (Cambridge, Mass.: The MIT Press, 1996), pp. 48-53.

로써 넓은 의미에서 평화의 조건을 규명하는 데 기여한다. 신자유제도주의의 애초 관심은 국제적 경제협력에 있었으나, 이론적 개념의 세련화와 확장을 통해 안보문제로까지 관심을 확대하고 있다. 신자유제도주의자들에게 협력이란 국가 간 상호 정책조정을 통해 비협력의 경우보다 더 나은 결과를 얻을 수 있는 목적 지향적 행위이다. 그러나 협력은 자동적으로 발생하지는 않으며, 계획과 협상이 필요하다. 신자유제도주의는 국제협력의 전제조건으로서 국가 간 상호이익과 제도의 존재를 들고 있다. 상호이익은 협력의 필요조건이다. 그렇지만 현실세계에서 상호이익을 가진 국가들 사이에 협조가 항상 잘 이루어진다는 보장은 없다. '속임수의 위협(threat of cheating)' 때문이다. 소위 '정치적 시장의 실패'로 표현되는 협력의 실패를 교정하거나 예방하기 위해 신자유제도주의는 제도를 전면에 내세운다. 제도는 협력의 충분조건으로 간주될 수 있다. 이처럼 협력을 지속 가능케 만드는 것을 국제제도라고 한다면, 그 제도 역시 평화의 중요한 조건이 아닐 수 없다.

3) 비판 시각

현대 평화연구는 대체로 비판 시각을 선호하는 경향을 보인다. 평화연구는 그 성격과 발전과정에서 평화운동 내지 평화교육과 직간접적 관계를 맺고 있을 뿐만 아니라 다양한 학문

분야를 포괄하고 있다. 그러한 만큼 비판 시각에서 바라보는 평화개념과 평화문제에 대한 접근 방법은 너무나 다양하다. 또한, 비판 시각을 지지하는 대부분의 연구자들은, 경험적 자료에 의지하여 지식을 체계화하는 데 열중하는 앞의 두 시각과 달리, 특정한 가치와 윤리의 비중을 높이 둔다. 이러한 탓에 비판 시각이 경험이론으로 정립되기는 어렵지만, 갈퉁이나 독일학자인 쟁하스(D. Senghaas)는 예외적으로 비판 시각을 체계화하는 작업을 계속하고 있다.

갈퉁은 1960년대 말 폭력과 평화에 대한 자신의 개념을 확립한 이후 일반적 평화이론의 정립을 위해 노력해왔다. 그에 따르면, 평화연구란 "평화적 수단을 통해 폭력을 감소시키는 작업, 즉 평화작업의 조건을 탐구하는 것"이다.[9] 이를 위해 평화연구자는 마치 의사와 같이 진단, 예측, 치료법이라는 세 가지 과제를 동시에 수행해야 한다고 말했다. 그는 폭력이 권력을 매개로 이루어진다는 점을 내세워 권력의 형태를 문화, 경제, 군사, 정치분야로 나누고 각 권력 분야별로 '소극적 평화'와 '적극적 평화'를 달성할 수 있는 조건 내지 정책목표들을 제시했다. 이러한 작업 가운데 그는 군사권력에 의존하는 현실주의의 논리, 정치구조에 대한 자유주의의 신념, 그리고 정의로운 경제구조에 대한 마르크스주의의 신념, 문화를 강

---

9) Johan Galtung, *Peace by Peaceful Means: Peace and Conflict, Development and Civilization* (London: Sage Publications, 1996), p. 9.

조하는 문화주의자의 주장에만 각각 의지해서 평화작업의 조건들을 충분하게 탐구하기 어려운 현실을 지적하고, 모두를 포괄적으로 절충하는 접근 방법의 필요성을 강조했다.

갈퉁은 경험 자료를 기반으로 평화를 연구하는 기존의 국제정치학적 방법을 비판하는 입장에서 출발했다. 현실이란 것이 반드시 '경험적 현실'만을 의미하는 것은 아니며, (아직) 경험되지는 못하지만 실존하는 '잠재적 현실'도 고려되어야 한다는 생각 때문이다. 특히 상황의 변화에 따라 새로운 현실이 항상 나타나기 때문에 경험적 자료는 최종의 대답이 아니라는 것이다. 즉 평화 문제를 따지는 데 있어서 경험 자료보다는 어떤 가치를 기준으로 삼는 비판 시각이 더 의미 있고 중요하다는 생각이다. 그의 문제의식은 연구가 축적되면서 변화를 겪었다. 가치에만 치중하는 비판 시각의 한계가 노정되었기 때문이다. 비판 시각은 특정 가치에 집중하는 탓에 그 가치에 따라 미래를 바람직하게 만들 수 있는 경험적 자료만을 인정하는 오류를 낳기 마련이다. 따라서 그는 절충적 시각의 필요성을 인식하게 되었다. '구성주의 (constructivism)'라고 명명된 절충적 시각은 경험적 현실이 아니라도 인간이 특정 가치를 기반으로 만들어가는 미래적 현실의 가능성에 주목한다. 요컨대 현재에는 적극적 평화가 관찰되지 않지만, 그렇다고 적극적 평화가 부인될 수는 없으며, 진화의 과정을 통해 언젠가는 그러한 평화가 실현될 수 있다는 것이다.

갈퉁과 마찬가지로 쟁하스 역시 냉전시기 안보적 위기관리의 수단에 천착했던 미국의 평화연구에 대해 비판적 인식을 가지고 있다. 과학적 합리성이란 미명아래 진행되던 국제정치 및 안보전략적 갈등분석에 대해 회의적이었을 뿐만 아니라, 그러한 연구가 지향하는 단순한 갈등의 완화 내지 순화의 결과를 신뢰하지 않았다. 안보전략 연구는 단지 현상유지에 기여할 뿐이며 평화의 실현에 실질적으로 기여하지 못한다고 생각했기 때문이다. 그는 분쟁과 갈등을 낳는 위협체계를 불가항력적이라고 전제하고 갈등과 분쟁이 폭력으로 비화하지 않게 방지하는 데 주력하는 전략연구는 소극적이며 부족하기 때문에 진정한 평화연구를 위해서는 분쟁과 갈등을 낳는 위협체계 자체에 대한 분석을 중심으로 삼아야 한다고 말한다. 이 맥락에서 그의 평화연구는 목표나 과제의 양 측면에서 갈퉁이 말하는 '적극적 평화'의 실현과 상통한다.

탈냉전시대에 접어들어 쟁하스는 자신의 평화연구를 집대성하는 이론적 체계를 완성했다. 우선 그는 평화를 '문명화 기획(Zivilisierungsprojekt)'으로 간주한다.[10] 현대국제체제 속에서 나타나는 사회의 다양화에 주목하면, 평화란 성공적인 문명화와 상황 여건상 동일하다는 것이다. 그에게 있어서 문명화란 '정치화될 수 있고 정치화된 사회 내에서의 공

---

10) Dieter Senghaas, "Frieden als Zivilisierungsprojekt," *Den Frieden denken*, hrsg. von. D. Senghaas (Frankfurt a.M.: Suhrkamp, 1995), p. 197.

존을 가능'케 하는 것이다. 이와 관련하여 그의 일차적 관심은 현대적 의미에서 정치화된 사회의 '내적 평화'를 가능케 만드는 조건들을 규명하는 것이다. 물론 지구상에 존재하는 모든 사회들의 문명화 수준은 천차만별이며, 국제정치 차원의 문명화는 이제 시작 단계에 불과하다. 따라서 그는 방법론적으로 국가 차원과 국제 차원을 분리하고, 우선 국가 차원에서 사회의 '내적 평화'를 달성하기 위한 조건을 '문명화 육각모델 (Hexangon)'을 통해 제시한다.

쟁하스는 문명화를 위한 기본요소로 여섯 가지를 제시하고 있다. 첫째, 무력독점이다. 무력을 탈사유화하여 국가가 무력을 독점하는 것이다. 그렇지 못할 경우, 레바논이나 유고슬라비아와 같이 정치적 갈등이 폭력으로 발전할 수 있다. 둘째, 법치국가성이다. 국가의 무력독점은 법치국가적 원칙과 공공의 민주적 통제라는 제도의 기반 위에 이루어짐으로써 정당성을 확보해야 하며, 모든 갈등은 그러한 제도적 틀 속에서 공정하게 해소되어야 한다. 셋째, 상호의존 및 감정의 통제이다. 국가의 무력독점과 제도화된 갈등 해소의 사회화 과정은 감정의 자기통제를 통해서 가능하며, 자기통제는 사회적 복합 상호의존 속에서 지속적인 행위를 통해 이루어진다. 이러한 자기통제는 단지 폭력이나 공격성을 무력화시키는 기반일 뿐만 아니라 양보와 타협의 능력을 높인다. 넷째, 민주적 참여이다. 사회적으로 매우 유동적인 현대사회에서는 성, 인종, 계급을 비롯한 다양한 특징들을 반영한 새로운 사회계층구조가 발생할 수 있다. 따라서 고도의 정치적 잠재력을 가진 민주적 법치국가에서는 이들이 정치과정에 참여할 수 있는 기회를 보장함으로써 정치적 안정을 확보해야 한다. 다섯째, 사회적 정의이다. 자기 이익을 관철하기 위한 집단적 노력이 부각되는 현대사회에서는 기회와 배분의 정의를 실현시킬 수 있는 적극적 정책이 요구된다. 이러한 정책에는 물질적인 기본욕구를 충족시킬 수 있는 조치들도 포함되어야 한다. 여섯째, 갈등(해소)문화의 정착이다. 발언의 공정한 기회와 다양한 이익의 조화 문제는 정치 및 사회문화적으로 내면화되어야 한다. 물론 이러한 심정적 문제가 제도적 구조와 결속될 수 있기 위해서 물질적 측면의 사회정의는 필수적이다. 그러할 때 갈등을 평화적으로 해소할 수 있는 문화의 정착이 비로소 가능하다.[11]

쟁하스는 이들 여섯 기본요소들의 개별적 의미보다 서로 간의 긴밀한 구성관계를 강조하고 있다. 즉 무력독점 없이 법치국가성이나 비폭력적인 민주적 참여는 생각할 수 없고, 분배의 정의 없이 법치국가에 대한 보장이나 무력독점, 그리고 갈등문화의 형성은 불가능하다는 것 등이다. 문제는 육각모델이 추상적이고 분석적인 이념형(Idealtypus)으로서 그 구성관계가 현실적으로 형성 내지 유지되기 쉽지 않다는 것이다. 그러므로 그는 문명화 기획이 아무리 진전된다고 하더라도

---

11) ibid., pp. 198-202 참조.

항상 퇴보의 가능성을 염두에 두고 여섯 분야 각각에서 지속적인 발전노력을 게을리하지 말아야 한다는 점을 강조한다. 나아가 그는 육각모델이 유럽적 토양에서 발생한 것이긴 하지만, 기본적으로 개발도상국에도 적용될 수 있다고 주장한다. 다만 역사적·문화적 차이를 감안할 때, 유럽역사에서 나타난 시행착오를 거울삼아 개발도상국에서는 창조적인 적용이 필요하다는 점을 분명히 밝히고 있다.

이러한 국가 차원의 내적 평화가 국제적 차원에 그대로 적용될 수 있을지의 문제와 관련하여 쟁하스는 먼저 '세계시민사회'의 형성 가능성에 대해 언급한다. 만약 세계시민사회가 형성될 수 있다면, 육각모델은 국제사회에 그대로 적용될 수 있을 것이다. 그러나 그는 조만간 세계시민사회가 실현될 가능성이 매우 낮다는 현실인식을 가지고 있다. 물론 '경제협력개발기구(OECD)'를 중심으로 하는 서구국가들은 비교적 동질성을 가지고 있기 때문에 전혀 불가능하지는 않다고 본다. 그러나 전 인류의 80%를 차지하는 OECD 불참 국가들을 감안하면, 세계시민사회의 형성은 요원하다는 것이다. 이러한 현실인식하에서 그는 '안보딜레마'[12]와 상호의존의 증대라는

---

12) 안보딜레마란 개념은 애초 한 국가의 안보 강화는 다른 국가의 안보 약화를 초래하는 일종의 영합게임(zeor-sum game) 상황을 표현한 것이다. 모든 국가는 타국가로부터 침공을 받지 않기 위해 타국가보다 상대적으로 더 많은 힘을 가지길 원한다는 현실주의의 가정에 따르면, 안보딜레마는 결국에 국가들의 군비경쟁을 무한정으로 점증시키게 된다. 이 개념은 자유주의자였던 허츠(J.H. Herz)

모순적인 국제사회의 두 가지 특징에 주목하여 육각모델의 최적 적용이라는 측면에서 반드시 실천되어야 할 국제적 과제를 네 가지로 요약한다.

첫째, 폭력으로부터의 보호이다. 국제사회의 무정부성에 기인하는 안보딜레마를 극복 내지 완화하기 위해 양자적, 지역적, 세계적 수준에서 '협력 및 집단안보'가 실현되어야 한다. '다원적 안보공동체'와 같은 안보협력을 통해 일종의 국제적 무력독점이 가능하기에 그러하다. 이러한 방식으로 폭력이 억제되기 위해서는 국가들 사이에서 중심적 가치들에 대한 동의, 경제·사회·제도적으로 긴밀한 상호의존, 공동의 문제해결 능력, 행위동기의 투명성, 그리고 투명성에서 도출되는 신뢰와 예측 가능성과 같은 전제조건이 충족되어야 한다.

둘째, 자유의 보호이다. 안보공동체가 형성·유지되기 위해서는 각 국가사회가 법치 내지 민주주의 체제를 공고히 해야 한다. 특히 국제사회는 각 국가가 인권의 제도적 보장에 대한 노력을 촉진하는 데 일정한 역할을 해야 하며, 이를 위해서는 내정불간섭의 원칙이 일정부분 침해되는 것조차 감수할 필요가 있다.

셋째, 결핍으로부터 보호이다. 인권 문제는 자유나 기본권

가 현실주의의 주장을 비판하기 위해 처음으로 사용했다. John H. Herz, "Idealist Internationalism and the Security Dilemma," *World Politics*, No.2 (1950), pp. 157-80 참조.

의 차원을 넘어 경제적·사회적 권리, 즉 생존권도 포함한다. 이는 국가사회에서와 마찬가지로 국제사회에도 중요한 평화의 필요조건이다. 문제는 국제경제체제가 불평등한 교역조건과 수직적 국제분업 등 불균형한 상호의존구조를 가지고 있기 때문에 저개발국의 결핍을 극복하는 데 어려움이 발생한다. 이 문제가 해결될 수 있기 위한 근본적 방법은 국제시장에서의 '대체 분업'이다. 즉 국제교역에서 농산물은 농산물끼리, 소비재는 소비재끼리, 기술은 기술끼리 교환되어야 한다는 것이다. 국가 간 경제적 균형이 이루어지지 않을 경우, 분배의 정의를 실현하는 문제를 넘어 세계환경의 위기에 봉착하게 됨으로써 결국 갈등의 골은 깊어질 것이다.

넷째, 쇼비니즘으로부터의 보호이다. 개발도상국의 발전노력은 비단 경제적으로 응집력 있는 구조를 건설하는 것 이외에도 정치적 자결권과 문화적 정체성을 확립하는 것이다. 만약 불균형한 상호의존 내지 종속이 심화되면, 외세에 대한 반감 내지 내적 동화작용의 압력이 고조됨으로써 적대적 감정 및 쇼비니즘의 온상이 된다. 이는 비단 개발도상국에만 국한되는 것이 아니라 현재 국제체제의 구조적 특성이기도 하다. 따라서 인권, 정의, 안보공동체 등에 대한 국제적 공감대를 형성할 수 있는 제도적 장치의 개발 및 확대가 절실하다.

쟁하스는 이러한 네 가지 과제가 점진적으로 실천될 수 있다면, 세계시민사회의 형성이 어려운 현실 속에서도 국제정치의 문명화는 이루어질 수 있다고 주장한다. 그는 평화가 국내적이든 국제적이든 결코 완결될 수 없는 '문명화 기획'이라는 과정적 특징을 가지고 있기 때문에 의사소통을 통한 학습 내지 적응능력의 배양을 매우 중요시한다. 이 맥락에서 육각 모델이나 국제적 과제의 실천을 통한 국내 및 국제사회의 평화적 변화는 세계시민사회의 실현을 촉진시킬 수 있을 것이라는 점을 강하게 암시한다.

3. 소결론

이상에서 보듯이 평화에 관한 다양한 시각들은 개념 규정에서부터 현실진단과 처방에 이르기까지 적지 않은 차이를 보이고 있다. 각각 상이한 세계관을 가지고 현실세계의 다른 측면을 주목한 결과이다. 특히 국제정치학자의 평화에 관한 시각들은 현실세계의 특정한 측면을 상대적으로 강조할 뿐만 아니라, 목적 합리성을 기반으로 목표 달성을 위한 합리적·효율적 수단과 방법에 치중하고 있다. 따라서 그들이 제시하는 평화의 조건은 엄밀한 의미에서 충분조건이라기보다 필요조건이라고 말할 수 있다. 그들의 시각은 모든 사회문제를 대상으로 삼은 거대이론이 아닌 특정 문제영역을 다루는 중범위이론의 성격을 띠고 있는 탓에 당연히 그러할 수밖에 없다. 이러한 만큼 현상 중심적이든 과정 중심적이든 국제정치학자들이 말하는 평화에 관한 여러 시각들은 실제로 상호보완적 관계를 가진다.

현상 중심적 시각은 무엇보다 국가 간 갈등이 상존하는 세계질서에서 갈등이 전쟁으로 비화되는 것을 억지하기 위한 필요조건이 무엇인지를 잘 보여준다. 이 시각은 전쟁억지에 대해 관심의 초점을 맞추고 있기 때문에 주요 관심이 안보문제로 향하는 경향이 강하다. 그렇지만 그들이 단순하게 생각했던 무정부상태와 안보딜레마가 항상 갈등의 원인만은 아니다. 경우에 따라 협력을 위한 기반으로 작용할 수 있다. 예컨대 경제적 상호의존이 증대하면서 국제규범이 점차 확장되고, 이는 갈등해소의 기준으로 작용하는 동시에 협력의 기반으로 작용할 수 있다. 또한, 군사기술과 능력의 증대는 경제적 이익과 맞물려 군비경쟁보다 군축협력을 촉진할 수도 있다. 이는 과정 중심적 시각에서 분명하게 부각된다.

　과정 중심적 시각은 적극적인 의미에서 '평화 만들기'에 더 많은 관심을 보인다. 무엇보다 갈등이 어떻게 비폭력적으로 해결될 수 있을지에 대해 더 많은 고민을 하고 있기 때문이다. 이 시각이 주목하는 평화의 조건은 크게 두 가지 범주로 나누어 볼 수 있다. 하나는 '구성적 조건'으로서 평화란 집단 정체성, 상호신뢰, 사회적 의사소통, 사회적 학습을 통하여 사회적으로 구성된다는 것이다. 다른 하나는 '촉진적 조건'으로서 평화의 사회적 구성을 허용하는 역사적·정치적·문화적 맥락의 중요성에 대한 생각이다. 이와 관련하여 국제레짐과 같은 협력의 제도화, 전쟁보다 평화의 효용성에 대한 더 높은 기대, 분쟁의 평화적 해결에 대한 강대국의 공언 등이 중요시된다. 물론 어느 한 범주의 조건만으로 평화가 이룩될 수 없음은 자명하다.

국제사회의 무정부성이 완전히 극복되지 못하고 항상 전쟁이 발생하고 있는 현실을 바라보면, 국제정치학자들이 주목하는 평화의 조건이, 비록 소극적·방어적인 성격을 띠고 있지만, 현실적으로 매우 중요한 의미를 띠고 있다는 것을 부인할 수는 없다. 그렇지만 이에 못지 않게 의사소통의 과학기술이 발전하고 이와 더불어 인권과 자유의 가치가 공간적으로 점차 확산되면서 전쟁방지와 평화에 대한 국제규범이 보편화되고 존중받게 됨에 따라 단순한 전쟁방지 또는 소극적 의미의 '평화 지키기'를 넘어 적극적 의미에서 '평화 만들기'에 대한 인류 공동의 인식이 확대되고 있다. 그러니만큼 더욱 적극적 의미에서 분쟁과 갈등의 원인을 분석하고 이를 해소할 수 있는 실천능력을 배양하는 노력이 한층 더 요구된다. 갈퉁과 쟁하스의 이론에서 보듯이 비판 시각은 바로 그러한 맥락에서 매우 원대한 목표를 제시하고 있다.

비판 시각이 지향하는 평화가 실현되기 위해서는 현재의 국내 및 국제적 정치질서가 근본적으로 변화되어야 한다. 이는 곧 '평화적 혁명'을 의미하기 때문에 그에 상응하는 현실적인 정책대안을 구체적으로 제시하는 것은 결코 쉽지 않다. 그럼에도 불구하고 갈등의 근본적 원인 규명과 같은 평화연구의 업적도 현실적 정책방향을 모색하는 데 매우 유용하게 활용될 수 있다. 더구나 현실정치는 사회적 요구의 반영이고 보면, 평화에 대한 사회문화적 요구의 확산과 더불어 평화연구의 성과들이 점차 그 의미를 확장해 나갈 수 있을 것이며, 현실적용 가능성의 지평을 확대할 수 있을 것으로 예상된다. 국내사회와 국제사회를 막론하고 현실세계는 '인간이 만들기 나름'이라는 생각을 부인하지 않는다면, 비판 시각은 인류의 미래를 위해 큰 의미를 가질 수 있다.

3장

한반도 문제의 구조와 평화의 조건

한반도 평화의 조건을 찾는 것은 한반도 평화를 어떻게 이해 하는지와 불가분의 관련을 맺는다. 앞에서 살펴보았듯이 다 양한 평화개념이 공존하며, 또 각각의 실현 조건도 여러 가지 인 탓에 한반도 평화에 대한 생각 역시 다양할 수 있다. 그럼 에도 6·25전쟁을 직·간접적으로 경험한 우리 국민들 사이에 는 평화가 곧 "전쟁 없는 상태"라고 간단하게 이해되는 경향 이 높다. 국민들의 내면에 자리 잡은 전쟁 트라우마를 감안하 면 한반도에서 전쟁 없는 상태를 만들고 유지하는 것은 의심 의 여지없이 매우 중요하다. 그러나 단지 전쟁 없는 상태로서 의 평화가 현실의 삶에서 우리가 원하는 한반도 평화를 온전 히 대변하지는 못한다. 6·25전쟁으로 고착화된 분단 이후 오 늘에 이르기까지 전쟁이 없었음에도 불구하고 한반도 주민들이 항상 느껴왔던 불안감은 단순히 전쟁 없는 상태에 머무는 '소극적 평화'로는 결코 극복하기 어렵다. 따라서 갈퉁(J. Galtung)이 말하듯 '구조적 폭력'이 없는 상태인 '적극적 평화'와 유사한 것이 요구되곤 한다.

적극적 평화의 개념으로 한반도 평화를 이해한다고 하더라도 이에 걸맞게 구체적인 조건들을 규명하기도 여전히 쉽지 않다. 가장 큰 이유는 한반도 평화가 분단이라는 구조적 문제와 얽혀 있기 때문이다. 실제로 한반도 평화에 대해 말할 때에는 보편적인 평화 개념을 넘어 분단의 해소, 즉 통일이라는 민족적 소망이 항상 개입한다. 요컨대 평화 자체가 하나의 목표인 동시에 통일이라는 궁극적 목표의 수단적 의미로서 중간목표의 성격을 갖는다. 물론 보편적인 개념으로서 평화는 통일보다 훨씬 포괄적인 의미를 가지고 있으나, 현실적으로 한반도 평화는 한반도의 분단 상황과 밀접하게 연관되어 있다는 점을 부인할 수 없다. 그러므로 한반도 평화의 조건을 찾기 위해서는 분단이 만들어낸 소위 '한반도 문제'에 대해 먼저 이해할 필요가 있다.

1. 한반도 문제의 구조적 성격

한반도 분단은 시간이 흐르면서 알게 모르게 우리의 일상에서부터 국제정세에 이르기까지 다양하고 넓은 범위에 걸쳐 복잡다단한 문제들을 만들고 축적시켜 왔다. 특히 6·25전쟁은 남북한 주민들 사이에 상호 적대감을 불러일으켰고, 냉전적 긴장 상태는 남북한 내부에서 상대방에 대한 적대감을 증대시켰다. 그 과정에서 냉전적 대결은 국내정치적으로 악용되기도 했다. 냉전시기 북한은 두말할 것도 없고 남한에도 온전한 의미의 민주주의가 정착하지 못한 배경에는 분단의 영향력이 매우 컸다. 즉 대결적이고 경쟁적인 남북관계는 지속적으로 상호 적대감을 재생산하는 악순환의 굴레에 빠져 들었다. 악순환의 굴레가 얼마나 강하게 구조화되었던지 탈냉전시기에도 한반도는 그로부터 아직 온전히 벗어나지 못하고 있다. 뿐만 아니라 한반도 분단은 동북아 국제질서와도 불가분의 관계를 맺으며 서로 영향을 주고받아왔다. 냉전, 긴장완화, 탈냉전이라는 국제환경의 변화는 한반도의 분단현실에 큰 영향을 끼쳤으며, 동북아 지역질서를 주도하는 강대국들 사이의 경쟁과 협력은 한반도의 분단과 평화, 그리고 통일문제에 대한 남북한의 자기결정권을 제약해왔다. 무엇보다 북한의 핵·미사일 개발과 같은 당면 현안은 물론이고, 중장기적으로도 한반도의 평화와 통일문제가 동북아 지역질서의 변화를 초래할 수 있기에 주변 강대국들은 자국의 이익을 위해 한반도에 직간접적으로 개입하려 하고, 그만큼 한반도 문제는 더욱 복잡해진다.

이처럼 구체적인 이슈와 적용 공간의 측면에서 매우 넓은 범위를 가지고 시간적으로 누적되어온 한반도 문제는 구조적으로 복합적인 성격을 띠고 있다. 구조적 복합성은 도표 3.1

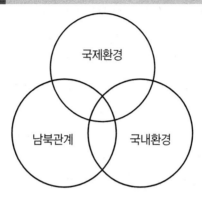

에서 간략하게 제시되듯이 분단 이래로 국제환경, 남북관계, 그리고 남북한의 국내환경의 세 차원이 긴밀하게 연계되는 모습으로 드러난다. 도표 3.1은 한반도 문제에서 어떤 차원의 비중이 더 큰 것인지를 보여주기 위한 것은 아니며, 세 차원의 관계가 중첩적으로 연결되는 복합적인 성격을 가지고 있음만을 보여주는 것이다.

도표 3.1로 표현한 한반도 문제의 구조적 복합성을 이해하기 위해서 먼저 세 차원에서 나타나는 현재의 상황을 간략하게 정리할 필요가 있다. 국내환경 차원에서 남한은 민주화가 진전되는 가운데 남남갈등이 분출하면서 한반도 문제 해결을 위한 정책, 즉 대북·통일정책에 대한 국민적 합의 기반의 취약성을 드러내고 있다. 다른 한쪽인 북한은 공산권의 몰락에 따라 김일성 가문의 정권 및 체제유지에 급급한 실정이다. 북

한 정권의 대내외 정책이 냉전종식 이후 체제생존이라는 일관된 목표를 향해 추진되고 있는 현실을 감안하면, 앞으로도 한동안 북한의 국내환경은 큰 변화를 기대하기가 쉽지 않을 것이다.

남북관계의 차원에서는 김대중정부의 햇볕정책 이후 정치적·경제적 관계개선이 이루어졌으나, 남한의 정권교체와 더불어 남북관계가 위축과 재개를 반복해왔다. 또한, 관계개선에도 불구하고 군사적 반목은 여전하며, 특히 북한의 핵·미사일 개발은 국제제재를 촉발시킴으로써 남북관계 개선에도 주요 걸림돌이 되고 있다. 북한 정권의 체제생존 전략에 따라 추진되어온 핵·미사일 개발은 한반도를 넘어 동북아와 세계질서의 안정에 위협요인으로 등장했다.

국제환경 차원에서는 탈냉전시대의 세계정치를 새롭게 규정하고 있는 미국과 중국의 대결 내지 경쟁이 한반도에도 큰 영향력을 발휘하고 있다. 북한 정권이 1990년대 초반부터 본격적으로 시작해서 2017년 완성을 선언한 핵무기 개발의 과정에는 미중경쟁의 그림자가 짙게 드리워져 있다. 북한은 핵·미사일 개발을 통해 미중관계의 갈등 속에서 자신의 전략적 가치를 높일 수 있었다. 이는 특히 북미 비핵화 협상에서 뚜렷하게 나타났다. 북미정상회담에서 중국은 북한에 대한 영향력을 잃지 않으려 했고, 이에 대해 북한 정권은 중국과의 관계를 미국과의 협상카드로 활용하는 모습을 보였다. 어쨌든 향후 미중관계가 만들어낼 동북아 질서의 변화는 북한의 비핵화 문제를 위시하여 궁극적으로는 한반도 평화정착을 향한 매우 중요한 변수가 될 것이다.

각 차원에서 나타나는 현상의 원인과 결과는 개별 차원에 국한되지 않는 경우가 대부분이다. 대개의 경우, 각 차원의 현상은 명시적 또는 묵시적으로 상호 영향을 주고받으며, 상황을 악화시키는 악순환이나 그 반대로 상황을 개선시키는 선순환의 형태로 나타난다. 이러한 연계성은 과거 사례를 통해서 확인해볼 수 있다. 먼저 악순환적 연계성은 비핵화를 향한 국제사회의 노력에도 불구하고 2006년 북한의 1차 핵실험이 이루어지고 핵·미사일 실험이 지속되었던 과정에서 잘 드러난다.

21세기로의 전환 시기에 남북관계의 극적인 개선이 이루어졌다. 김대중정부에 이어 노무현정부는 분단현실에 대해 적극적이고 진보적인 정책, 특히 당장 이루어지기 힘든 통일보다 먼저 평화를 만들어 가려는 정책을 추진했고, 이 덕분으로 남북관계는 질적·양적으로 개선되었다. 남한사회에는 반공주의가 여전히 중요한 가치로 자리 잡고 있었지만, 이에 못지않게 남북관계 개선에 따른 한반도 평화를 기대하고 햇볕정책을 지지하는 시민들이 특히 젊은 세대를 중심으로 점점 늘었다. 남한 내부의 점진적 변화와 달리, 경제 및 식량난을 겪는 북한은 경제적 어려움을 조금이나마 벗어나기 위해 남북관계 개선에 응하기는 했으나, 근본적으로 체제생존의 문제를 해결하지 못했기 때문에 기존의 핵·미사일 개발을 지속했다.

그러나 2001년 출범한 부시 미 행정부는 이전의 클린턴 미 행정부의 대북정책을 유지하길 거부하면서 문제가 심각해졌다. 부시 미 행정부는 북한의 핵·미사일 개발에 대해 1994년 체결했던 북미 제네바합의를 파기함과 동시에 정치적·군사적·경제적 압박을 재개했다. 이로써 남북관계 확대를 원하는 남한정부의 노력은 사실상 효과를 거두기 힘들게 되었다. 비핵화와 관련하여 북한은 미국과 양자간 담판을 원했으나, 미국은 이를 거부하고 대신 다자회담을 선호함에 따라 6자회담이 성사되었다. 6자회담은 2005년 '9·19 공동성명' 등 나름대로 비핵화를 향한 좁은 문을 여는 성과를 내었으나, 미국의 대북불신 탓에 한편에서는 합의가, 다른 한편에서는 북한의 외환흐름을 차단시킨 소위 'BDA 사태'를 야기하는 상반된 행태로 인해 난항을 겪었다. 특히 부시 행정부의 네오콘(neo-conservative) 세력은 대북강압정책을 선호했기 때문에 6자회담의 성공을 기대하기는 쉽지 않았다. 이러한 배경에서 북한은 2006년 1차 핵실험을 강행했다.

6자회담이 소기의 성과를 거두지 못하는 동안 노무현정부는 진보정부가 그간 이룩했던 남북관계 개선을 되돌릴 수 없게 하겠다는 의도에서 임기 말인 2007년 10월 제2차 남북정상회담을 개최했다. 그렇지만 곧 남한에 보수정부가 들어서고, 6자회담이 중단된 상황에서 북한의 계속되는 핵·미사일 실험과 이에 대한 국제사회의 대북제재 강도가 높아지자 남북관계는 다시 과거로 되돌아가기 시작했다. 남북관계 개선의 상징이던 금강산 관광과 종국에는 개성공단도 중단되었다. 북한은 미국과 국제적 제재에 대해 핵·미사일 실험의 강도를 높이는 방식으로 대응했기 때문에 남한의 정치지도자가 취할 수 있는 정책선택의 폭은 더욱 좁아졌다. 더구나 보수층의 지지를 받은 남한정부가 국제제재 분위기 속에서 여전히 주적으로 인식되는 북한 정권을 대화와 협력의 상대로 수용하기란 거의 불가능했다.

2006년부터 시작된 북한의 핵실험은 국내환경, 국제환경, 그리고 남북관계 차원 사이의 악순환적 연계를 촉발하면서 한반도의 긴장을 고조시키는 결과를 낳았다. 남한정부가 평화를 목표로 대북 및 대외정책을 추진하고 남한주민의 지지를 확대했지만, 북한의 체제생존전략에 따른 핵개발이 남북관계의 개선에도 불구하고 한반도 평화에 대한 체감도를 낮게 만드는 상황에서는 어떠한 평화통일 정책도 소기의 효과를 거두기 어려웠다. 오히려 북한의 변화에 대한 남한주민들의 기대감이 실망으로 바뀌면서 다시 남북관계의 정체 내지 단절이 정상적인 것으로 받아들여지는 경향마저 나타났다. 게다가 미중경쟁이 심화되는 가운데 '아시아로의 회귀'와 '재균형'을 강조하기 시작했던 미국은 북한의 핵·미사일이 관리될 수 있는 수준에 머문다면 대북압박정책이 대외전략상 유용성도 없지 않다고 판단한 듯 보였다. 이는 오바마정부의 대북정책에서 추론될 수 있다. 즉 오바마정부가 출범하면서 적극적인 미국의 대북 관여정책이 기대되었지만, 미국정부는 '전략적 인내'라는 이름으로 관망자적 역할을 했다. 게다가 남한의 보수정부가 북한과 관계개선에 흥미를 가지지 않는 상황에서 미국이 구태여 동맹국을 앞질러 갈 생각도 없었을 것이다.

이러한 악순환 사례와 대비되어 2018년 북미 비핵화 협상의 시작 및 전개 과정은 선순환적 연계성을 잘 보여준다. 박근혜 대통령의 탄핵을 이끈 촛불시위를 기반으로 2017년 5월 출범한 문재인정부는 과거 어느 때보다 진보적 정책을 추진하기에 좋은 국내환경을 가졌다. 이에 따라 노무현정부의 연장선상에서 제시된 한반도 평화와 번영에 대한 목표는 일부 극우세력의 격렬한 저항에도 불구하고 대체로 남한주민의 지지를 얻었다. 2017년도 북미 간 긴장이 고조됨에 따라 한반도 전쟁위기가 대두하면서 평화의 중요성이 상대적으로 부각된 것도 또 다른 배경으로 작용했다. 2017년 초 트럼프 행정부의 출범으로 북미 정상 사이에 험한 말이 오가며 6·25전쟁 이후 한반도 전쟁 가능성이 최고로 높아지는 등 국제환경은 매우 험악했다. 북한 정권이 핵무력 완성을 선언하던 상황에서도 문재인정부는 평화번영을 내세워 남북대화의 복원을 시도했고, 북한을 대화의 장으로 끌어내기 위해 미 행정부를 설득하는 노력을 기울였다. 2018년 2월 평창동계올림픽을 계기로 남한정부는 남북관계를 재개할 수 있는 길을 열었음은 물론이고, 이를 기반으로 북미 비핵화 협상을 위한 중재자 또는 촉진자의 역할을 할 수 있는 기회를 확보했다. 이 과정에서 한반도 문제를 구성하는 각 차원간의 연계가 분명하게 드러났다.

물론 이러한 성과가 오로지 남한정부 자체 역량 덕분이라고 말할 수는 없다. 미국과 북한은 2017년 고조된 긴장을 누그러뜨리고 대화를 통해 핵문제와 제재문제를 해결해야 할 필요성에 직면해 있었기 때문이다. 문제는 북미 비핵화 협상이 매우 험난한 과정을 겪을 수밖에 없다는 사실이다. 남북관계 못지않게 북미 사이에도 불신이 너무 깊다는 것이 가장 근본적인 문제이다. 즉 미국은 북한의 비핵화 의지를, 북한은 미국의 체제안전보장에 대한 약속 이행 의지를 각각 신뢰하지 않는다. 이 탓에 2018년 싱가포르 정상회담을 필두로 북미 정상이 총 세 차례 회동했으나, 기대와 달리 성과를 내놓지 못했다.

2018년 초부터 시작된 선순환은 2019년 초반을 넘기면서 정체 현상을 보였고 다시 악순환의 모습으로 바뀔 가능성을 열어놓았다. 북미협상이 지지부진하게 전개되면서 문재인정부의 평화정책에 대한 남한주민들의 기대감이 약화되고 극우세력의 반대 목소리가 커지는 경향이 있었다. 더욱이 북미협상을 이끌었던 트럼프 대통령이 2020년 미국대선에서 패배하면서 바이든 행정부가 북미협상을 지속할 것인지에 대한 의문이 제기되었고, 2018년 이후 선순환 흐름이 지속될 수 있을지는 불투명해졌다. 어쨌든 이를 통해 선순환과 악순환이 어떻게 작동하는지에 대해 이해를 한다면, 악순환의 고리를 끊고, 선순환의 기회를 증대하기 위해 무엇을 해야 하는지를 확인할 수 있다. 다만 그러한 당위성이 국가나 집단의 이해관계와 항상 조응하는 것이 아니기 때문에 현실에서는 언제든지 적지 않은 혼란과 실행의 어려움이 발생하곤 한다.

2. 한반도 평화의 조건들

앞에서 제시된 한반도 문제의 구조를 제대로 이해한다면, 한반도 평화를 이루기 위한 조건들은 비교적 자명하게 드러난다. 먼저 한반도 문제의 구조를 이루는 세 차원별로 조건들을 찾아보면, 먼저 국내 환경차원에서는 기본적으로 남북한사회가 각각 상대를 더욱 잘 이해할 수 있는 기반을 마련하는 것과 직접 관련이 있다. 분단 이후 오랜 시간이 흐르면서 남북한의 정치·경제·사회·문화체제는 상호 이질화의 길을 걸어왔다. 그러므로 남북 당국이나 주민들 사이에서 교류가 확대될 경우, 상대를 이해하는 데 적지 않은 어려움이 예상된다. 만약 상호이해의 내부적 기반이 마련되지 않은 채 교류가 확대되면, 오히려 오해와 불신을 증폭시킬 가능성이 높다. 현실적으로 남한사회만 보더라도 북한에 대한 인식은 양극화되어 있다. 보수와 진보의 시각은 인식의 차원을 넘어 실제 정책에 대한 찬성과 반대로 나타나며, 그 갈등은 어떠한 정부에서나 정책의 효과를 반감시키는 결과를 낳고 있다. 북한에서는 체제 특성 탓에 그러한 조건이 당장 갖춰지기 어려울 것임은 자명하다. 그러므로 일단 남한사회에서부터라도 체제의 상이성을 감안하여 상호이해의 내적 기반을 다져감으로써 인식적 공감대를 확산하는 것이 필요하다. 갈등의 주체들 사이에 평화는 최소한 어느 한 곳부터라도 문제해결의 의지와 노력이 있을 때 기대할 수 있기 때문이다.

남북관계 차원에서는 관계의 제도화를 진전시키며 제도적인 발전을 추구해야 한다. 이를 위한 현실적 접근방식은 크게 두 가지로 생각할 수 있다. 하나는 단기적으로 남북 대화와 협상을 통해 기존의 형식적인 제도를 변경시키거나 새로운 제도를 창출하는 것이다. 다른 하나는 중장기적으로 남북한이 통일에 도달하기까지 관계 개선에 필요한 포괄적인 제도 기반을 개선하거나 확충해나가는 것이다. 물론 상기 두 가지가 긴밀하게 상호 연관된 것이라는 점을 염두에 두면, 단기적 접근은 중장기적 접근방식의 틀 속에서 추구될 필요가 있을 것이다.

국제환경 차원에서는 동북아 질서의 안정이 매우 필요하다. 한반도 문제는 구조적으로 동북아 질서 변화로부터 영향을 크게 받을 수밖에 없다. 냉전종식에 따라 동북아 지역에는 적지 않는 변화가 발생하고 있다. 즉 군사안보적 측면에서 양자 동맹관계가 한편으로 강화되지만 다른 한편으로는 재편의 필요성이 나타나고 있으며, 경제적 측면에서는 협력을 통한 공동번영의 필요성이, 문화적 측면에서는 정체성 갈등이 상호작용하며 지역질서의 안정과 불안정이 교차하고 있다. 이러한 현실에서 한반도 평화를 향한 지역질서의 방향은 크게 세 가지로 압축된다. 첫째는 북한 핵문제의 해결이고, 둘째는 미중관계의 경쟁 완화와 협력의 복원이며, 셋째는 안보문제에도 다자주의적 협력이 확대되는 것이다.

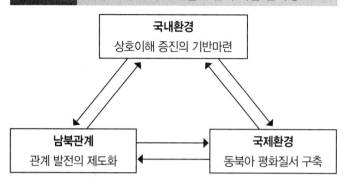

도표 3.2 한반도 평화의 차원별 조건과 복합 연계성

국내환경
상호이해 증진의 기반마련

남북관계
관계 발전의 제도화

국제환경
동북아 평화질서 구축

한반도 평화의 차원별 조건이 충족되는 과정은 도표 3.2에서 보듯이 한반도 문제의 구조적 복합성에 기인하는 순환적 효과와 맞물리게 될 것이 분명하다. 비록 이들 조건이 짧은 시간 내에 충족되기는 쉽지 않겠지만, 순환적 효과를 통해 시간을 앞당길 수는 있을 것이다. 예를 들면, 북한 핵문제가 한반도 평화의 최대 걸림돌로 여겨지고 있지만, 북한 핵문제의 발생배경을 충분히 이해한다면, 해결방향의 모색이 가능하다. 특히 비핵화에는 군사적인 문제를 넘어 정치적·경제적·이념적인 문제를 포함하는 체제생존 문제가 자리 잡고 있다는 점에 주목할 필요가 있다. 즉 비핵화가 단순히 북미협상에만 의존해서는 근본적으로 해결되기 어렵다는 사실이다. 북한의 체제생존이 세 차원 전체에 걸려있는 문제이기 때문에 더욱 그러하다. 따라서 북한 핵문제는 세 차원에서의 조건들을 충족시키려는 노력이 병행적·연계적으로 추진될 때 해결

될 가능성이 높아진다.

제2부

한반도
분단현실과
평화 요구

앞에서 자세하게 설명했듯이 한반도 문제에 내재하는 구조적 복합성 탓에 분단 상황은 복잡한 요인들로 뒤엉켜 전개되어 왔다. 냉전이 종식되고 지구화 시대가 확산됨에도 불구하고 그러한 구조는 변하지 않았다. 다만 세 차원 내부에서 발생하는 변화는 한반도 문제의 질적 변화를 야기했다. 질적 변화는 한반도 문제가 더 이상 냉전논리가 아니라 북한의 생존전략에 영향을 크게 받는 경향을 비롯하여 지구화와 탈냉전에 따른 세계질서의 변화가 미국과 중국 사이의 패권 경쟁을 가속화하는 가운데 한반도 문제에 대한 국제정치적 비중이 다시 점증하는 모습으로 나타난다. 북한이 핵·미사일개발을 생존전략으로 구사하며, 미국과 중국이 안보와 경제·기술분야에서 경쟁을 첨예화하는 현실은 한편으로 냉전종식 이후 '햇볕정책'처럼 한반도 문제를 한민족의 손으로 결정하려는 한국의 의지에 커다란 도전거리로 대두했고, 다른 한편으로는 한반도 문제 해결에서 평화의 중요성을 한층 부각시키고 있다.

이러한 현실에서 한반도 문제의 평화적 해결을 추구하려면 분단 현실을 더욱더 객관적이고 정확하게 이해해야 할 것이다. 분단 현실에 대한 충분한 이해가 선행될 때, 앞에서 제시된 한반도 평화의 조건을 어떻게 충족시킬 것이며, 또 이를 위한 과제들을 어떤 방법으로 실천할 것인지를 생각해볼 수 있기 때문이다. 그러므로 제2부에서는 국제환경, 남북관계, 그리고 국내환경의 세 차원으로 나누어 냉전종식 이후 전개되고 있는 한반도 분단 현실을 압축적으로 정리할 것이다. 다만 국내환경 차원은 남한 중심으로 살펴볼 것이며 북한에 대해서는 자세하게 다루지 않을 것임을 다시금 말해둔다. 전체주의 체제를 유지하고 있는 북한은 냉전종식 이후 일관되게 생존에 초점을 맞춘 국가전략을 추구해왔고, 앞으로도 한동안

이 노선을 유지할 것으로 판단되기 때문이다. 물론 북한 내부에서도 사회적 변화가 조금씩 발생하고 있으며 언젠가는 괄목할 개혁이 발생할 가능성을 배제할 수 없다. 따라서 북한 내부의 변화에 대해 주목하고 이에 대한 대비도 분명히 필요하지만, 여기서는 구조적 시각을 중심으로 논의하면서 북한의 국내환경은 일단 상수로 간주하고 자세하게 언급하지 않을 것이다. 다만 필요할 경우, 북한당국의 전략적 행위를 야기하는 원인으로서 북한 내부상황이 부분적으로 언급되기는 할 것이다.

4장

동북아 지역의 협력과 갈등, 그리고 지역질서의 변화

냉전이 종식된 이후 동북아 질서는 변화의 진통을 겪어왔다. 변화를 초래한 일차적인 요인은 소련 및 공산권의 붕괴와 함께 미국이 세계적인 유일 초강대국 지위를 확립하게 된 세계구조의 변화에서 찾을 수 있다. 세계구조의 변화는 새로운 이슈들 — 즉 경제협력 증대, 군비경쟁, 영토분쟁 등 — 의 등장과 맞물려 냉전시기 구축되었던 지역질서의 균형을 무너뜨렸다. 동북아 지역에서 그러한 질서 변화는 안정과 불안정이 교차하며 진행되는 특징을 보여 왔다.

안정적이라 함은 냉전시기 동북아 질서의 구조적 특징이었던 양자관계의 기본 틀이 여전히 유효하다는 것과 관련이 있다. 경제적 측면에서도 안정적인 변화의 모습을 찾을 수 있다. 공동번영의 필요성과 더불어 지역질서의 안정을 확보해야 한다는 공감대가 확대된다는 점에서 그러하다. 물론 지역 협력의 잠재력이 증대하는 가운데에도 장차 유럽과 같은 제 도화를 통한 협력 증진을 조만간 기대할 수 있을지는 불투명 하다. 이와 비교하여 불안정성은 미국과 중국 간의 갈등이 경 제, 군사, 가치의 전 분야에 걸쳐 패권경쟁의 방향으로 확산 되는 현상을 비롯하여 북한의 핵·미사일 개발에 따르는 한반 도의 긴장상태에 기인하고 있다. 냉전시대 미국과 소련의 경 쟁과는 성격이 좀 다르긴 하지만, 미중의 경쟁은 남중국해 해 양영토분쟁, 과거사를 둘러싼 한일 간 갈등, 대만해협의 긴장 고조, 심지어 북한의 핵개발 등에 직간접적인 영향을 미치면 서 지역질서 변화의 불안정성을 가중시키고 있다.

1. 동북아 지역질서 변화의 모습들

이러한 변화의 큰 흐름 속에 서 있는 동북아 현 질서는 어떠 한 관점에서 바라보는가에 따라 그 모습이 상당히 다르게 그 려질 수 있다. 이를 감안하여 관점별로 지역질서의 변화를 정 리하면 다음과 같다.

1) 안보적 관점

먼저 권력에 주목하는 안보적 관점에서 보면, 동북아 질서는 탈냉전 초기 지역적 다극화의 경향을 보이다가 점차 미중패권경쟁으로 수렴되고 있다. 처음에는 중국과 일본의 군사적 대립 가능성이 증대했다. 그 이면에는 미국의 안보정책이 결정적인 영향력을 미쳤다. 미국은 애초 동북아시아에서 안보적 현상유지, 즉 미국 중심의 질서를 지속시키고자 했다. 이 맥락에서 한미 및 미일 동맹관계는 두말할 것도 없고, 중국과 북한에 대한 미국의 관여정책이 추진되었다. 중국과 북한은 자국의 이익을 최대화하기 위해 미국의 정책에 대응했으며, 이에 따른 상호작용이 동북아 안보질서의 변화를 촉진해 왔다. 러시아의 경우에도 유럽 및 세계차원에서 미국이 어떠한 정책을 추진하면, 이에 대응하는 태도를 유지해왔으며, 이는 긴급한 안보적 현안을 가지고 있지 않은 동북아에서도 별반 다르지 않았다. 요컨대 동북아 안보질서는 미국의 동북아 정책과 이에 대한 여타 지역 강대국들의 대응이 작용과 반작용을 거듭하며 새로운 모습을 갖추고 있다.

이러한 변화의 과정은 동북아 안보질서의 안정화보다는 상대적으로 불안정화의 방향으로 나아가고 있다. 가장 큰 이유는 세계 및 지역적으로 미국과 중국의 경쟁이 점증하며 노골화되었기 때문이다.[1] 냉전종식 직후부터 미국은 중국이 향후 미국의 패권에 도전할 능력을 갖춘 유일한 강대국이라고 인식했지만, 미국 주도의 새로운 세계질서에 중국이 순응하길 기대하며

---

1) 미중관계의 변화에 대해서는 다음 논문 참조. 김학성, "미·중관계의 변화 전망과 북한의 '자주적 생존전략'의 미래," 『세계지역연구논총』 31집 1호 (2013).

경쟁보다는 협력을 강조했다. 그러나 중국은 경제적·기술적·군사적 굴기(崛起)[2]를 통해 미국의 패권에 도전할 능력을 확대해가며 도전의도를 더 이상 감추지 않으면서 미국의 대중국 견제가 점차적으로 강화되어 왔다. 트럼프 행정부에 이르러 경제 및 과학기술의 분야에서 노골적으로 대중국 압박을 가함으로써 중국의 급성장에 제동을 거는 한편, 쿼드(QUAD)라는 미국, 호주, 일본, 인도 사이의 안보 대화체를 기반으로 대중국 포위망을 구축함에 따라 지역적으로 미중 간 정치·경제·군사적 대립과 긴장이 점증하고 있다. 특히 QUAD의 출범에 즈음하여 미국은 이전의 아시아·태평양지역을 인도·태평양지역으로 표기하기 시작했다. 바이든 행정부의 출범 이후 미국은 동맹 강화 필요성을 역설하는 한편, 중국의 권위주의에 대응하여 민주주의와 인권의 가치를 강조함으로써 이념전쟁의 특성을 보인 냉전시대로의 회귀 가능성마저 열어놓고 있다.

냉전종식 이후 30여 년이 흐르는 동안 중국은 과학기술 및 경제의 괄목할만한 성장을 기반으로 군사력을 증강시키는 등 정치적 영향력을 확대하며 미국의 국력수준에 한층 가까이 다가온 것은 분명하다. 탈냉전 초기 미국은 동아시아 지역에서 일본을 보통국가화 함으로써 일본을 내세워 중국을 견제하려는 소위 '역외균형(Off-shore balancing)'에 관심을 가졌

---

2) GDP만을 보더라도 중국은 2010년 일본을 추월하여 세계 2위로 부상하기 시작했으며, 2020년에는 약 20조 8,000억 달러에 이르는 미국의 GDP를 턱 밑까지 추격한 약 14조 9,000억 달러에 이르렀다.

다. 그러나 중국이 급성장하면서 일본은 경제적으로나 군사적으로 더 이상 중국의 경쟁상대가 되지 못하고 있다. 경제적으로 역내무역과 투자가 증가함에 따라 일본은 광대한 중국시장에 의존성을 가지게 된 한편, 남중국해에서 벌어지는 중일영토분쟁에서 일본은 동맹국인 미국의 안보적 지원이 필요한 상황에 처해 있다. 호주 역시 중국시장에 대한 점증하는 의존도에 비례하여 증대하는 중국의 정치적 영향력을 거부하면서 양국 간 정치적·경제적 갈등이 높아진 상황이다. 인도의 경우에도 중국의 경제적 영향력에서 온전히 벗어날 수는 없다. 2017년 중국이 주도하는 '상하이협력기구(SCO: Shanghai Cooperation Organization)'에 인도가 가입한 것은 그 증거이다. 그렇지만 중국과의 국경선에서 간헐적으로 발생하는 무력충돌은 민족적 자존심 문제로 확대되고 있다. 이에 따라 QUAD를 통한 대중국 압박은 상당한 유효성과 지속력을 가질 것으로 보인다. 이에 대해 시진핑(習近平)의 등장 이후 중국은 미국의 압박에 굴복할 의사가 전혀 없는 듯하다. 내부적으로 전통적인 '중화사상(中華思想)'에 더하여 19세기 서구열방의 제국주의 침략에 대한 아픈 기억이 중국의 급격한 성장에 따른 자긍심과 결부되어 과도한 중화민족주의가 분출되는 탓에 더욱 그러하다. 미중경쟁은 이제 어느 일방의 양보를 통해 해결되기는 어려운 상황에 이르렀다.

미중경쟁과 맞물려 동아시아 질서를 한층 불안정하게 만드는 안보현안으로는 크게 세 가지를 들 수 있다. 남중국해에서 중국과 일본을 포함하여 여러 동남아 국가들이 개입된 해양 영토 분쟁, 중국과 대만 사이의 양안관계, 그리고 북한의 체제생존전략에 기인하는 핵·미사일 개발이다. 미중경쟁은 군사적 무력시위가 수시로 발생하는 남중국해와 대만해협에서 가열되고 있다. 이에 비해 북핵문제는 미중경쟁과 간접적으로 연계되는 경향을 보인다. 이는 지역질서의 구조적 성격 때문이다. 미국과 중국은 해양세력과 대륙세력이 부딪히는 한반도에서 형성된 기존의 균형이 변화하는 것에 대해 매우 민감하다. 무엇보다 기존 균형을 무너뜨리게 될 분단의 현상변경이 어떠한 과정과 결과로 이어질지 불확실한 상황에서 북핵문제를 두고 미중이 갈등을 빚기는 쉽지 않다. 이러한 상황에서 북한 정권은 미중경쟁을 십분 활용하여 핵개발을 통한 체제생존을 도모하고자 한다. 즉 미국에 대해서는 중국과의 관계를, 중국에 대해서는 미국과의 관계를 활용하는 전략이다. 미국은 물론이고 중국에게도 사실은 북한의 핵개발이 결코 바람직한 것이 아니다. 북한의 핵보유는 동북아시아에서 제한적인 핵전쟁의 발생 위험성을 증대시킬 뿐만 아니라 핵확산을 촉진시킴으로써 중국의 지역패권을 약화할 수 있기 때문이다. 그렇지만 미국과 경쟁하는 상황에서 북한체제의 생존 역시 중국에게는 매우 중요한 사안이 아닐 수 없다. 어쨌든 기존의 북핵협상 과정을 되돌아보면, 미중경쟁을 활용하려는 북한 정권의 전략 목표는 쉽게 달성되기 어려울 것으로 보인다. 북핵문제의 해결을 위한 협상과정은 과거와 마찬

가지로 앞으로도 꾸준히 이어질 것이지만, 이 과정에서 각국의 전략적 행위들은 굴곡을 거듭하며 한반도의 안보에 긍정적이든 부정적이든 큰 영향을 미칠 것은 의문의 여지가 없다.

2) 협력제도의 관점

지역협력에 초점을 맞추는 제도적 관점에서 보면, 냉전종식 이후 동북아에서 안보 및 경제적 협력의 필요성이 증대한 것은 의문의 여지가 없다. 특히 냉전시대 후기에 시작된 안보개념의 확대 — 예컨대 '공동안보(common security)', '협력안보(cooperative security)', '포괄적 안보(comprehensive security)' — 와 맞물려 다자협력기구의 설립 제안과 시도들이 줄을 이었다. 이 가운데 지역협력기구로 탄생한 것으로서 아시아·태평양경제협력체(APEC), 동남아시아국가연합+3(ASEAN+3), 동아시아정상회의(EAS: East Asia Summit), 아세안지역안보포럼(ARF: ASEAN Regional Forum) 등을 들 수 있다. 그러나 이러한 협력기구 내지 회의들의 실질적 기여도는 설립 초기의 의도만큼 높지 못하다. 앞에서 언급했듯이 냉전시대의 유산인 양자 동맹관계가 여전히 지속될 뿐만 아니라 다자적 안보협력기구 내에서 강대국들의 주도권 다툼이 치열하기 때문이다. 나아가 중국과 러시아는 중앙아시아 국가들과 함께 포괄적 안보의 맥락에서 2001년 SCO를 창립하여 유럽을 비롯하여 아시아·태평양지역에서 미국의 동맹체제에 대응하기도 한다.

21세기에 들어와 태평양과 동아시아 지역의 안보질서는 기존의 양자동맹이 유지되는 가운데 점차 소다자주의적(minilateral)[3] 안보협력이 이루어지는 추세를 보인다. QUAD나 SCO의 사례에서 보듯이 소수의 참가국 사이에 이루어지는 다자주의적 협력이 바로 그것이다. 지역협력에서 다자주의와 소다자주의의 차이는 단지 참여국가의 수에만 있는 것이 아니라, 각각의 협력과정 및 목표에서도 차이가 있다. 소다자주의는 다자주의와 달리 모두에게 열려있는 비차별적 원칙이 적용되지는 않는다. 즉 소다자주의는 다분히 폐쇄적이고 차별적인 조직 성격을 갖는다. 다만 소다자주의에서도 참여국들은 협력하면 상호이익이 보장되고 이탈하면 손해가 발생하는 것을 확신할 때 협력에 계속 동참한다는 점에서 다자주의와 다를 바는 없다. 그럼에도 불구하는 소다자주의에서는 강대국의 목소리가 여전히 크다. 다자주의의 경우, 약소국과 강대국들이 함께 협력을 논의함으로써 약소국의 목소리가 협상에 반영될 수 있을 뿐만 아니라, 이로 인해 결정과정의 정당성이 확보되는 것

---

3) 소다자주의에 대해서는 다음 글 참조. Miles Kahler, "Multilateralism with Small and Large Numbers," in John G. Ruggie (ed.), *Multilateralism Matter The Theory and Praxis of An Institutional Form* (N.Y.: Columbia Univ. Press, 1993); Sarah Teo, "Could Minilateralism Be Multilateralism's Best Hope in the Asia Pacific?; Minilateral initiatives have the potential ability to be more effective than their multilateral cousins," *The Diplomat* (Dec. 15, 2018), https://thediplomat.com/2018/12

과 달리, 서로 마음이 맞는 국가들 사이에 이루어지는 소다자주의는 그렇지 못하고 강대국의 뜻에 결정이 좌우되는 경우가 허다하다.

다자주의적 협력 역사를 되돌아보면, 세계적이든 지역적이든 다자주의는 강력한 패권국가가 주도하는 소다자주의를 기반으로 시작되는 경우가 많다. 일반적으로 특정한 이슈를 중심으로 형성되는 소다자주의가 다자주의로 확장될 수 있을지 여부는 강대국들 사이의 경쟁 여부와 직결된다. 다만 어떠한 경우에도 소다자주의와 다자주의는 서로 배타적인 것은 아니며, 그렇다고 대체할 수 있는 것도 아니다. 만약 동일한 다자주의적 지역협력제도에서 두 개의 강대국이 리더십을 놓고 경쟁하고 있다면, 이들 강대국은 그 제도 내에서 서로의 영향력을 견제하는 경향이 있다. APEC과 EAS 및 ARF에서 미국과 중국의 주도권 경쟁을 벌이는 것은 대표적인 사례이다. 동시에 동일한 지역 내에서 두 강대국이 상이한 소다자주의를 형성하여 상호 지역적 영향력 확대를 위한 경쟁도 이루어진다. 미국은 QUAD나 비록 무산되었지만 '환태평양경제동반자협정(TPP: Trans-Pacific Partnership)'을 통해 확장된 인도·태평양전략을, 중국은 SCO나 '역내포괄적경제동반자협정(RCEP: Regional Comprehensive Economic Partnership)'을 기반으로 '일대일로(一帶一路)' 전략을 추진하며 상호경쟁하고 있다. 일반론적으로 소다자주의가 다자주의를 형성·강화·보완해 줄 수 있으나 동북아에서 그러한 일이 발생하기에는 아직 요원해 보인다.

　이렇듯 동북아에서는 안보협력이 양자동맹과 소다자주의 협력을 중심으로 전개됨으로써 미중갈등을 반영하는 경향이 있는 데 반해, 경제협력은 다자주의적 협력이 비교적 잘 이루어져 왔다. 냉전종식 이후 지구화가 가속되면서 경제적 상호의존이 심화됨에 따라 정치·외교·경제의 측면에서 협력의 제도화 필요성이 증대했다. 특히 자유무역이 강조되면서 1995년 '관세와 무역에 관한 일반협정(GATT)'이 '세계무역기구(WTO)'로 개편되었고, 아시아·태평양, 동아시아, 동북아시아 지역에서도 경제협력을 향한 지역국가들의 발걸음이 빨라졌다. 그중에서도 동아시아는 냉전종식과 더불어 경제발전의 역동성이 다른 어떤 지역보다 높은 지역으로서 1990년대에 들어와 역내교역 및 투자가 급증했고, 당연한 귀결로서 미국의 전체 대외교역 및 해외투자에서 차지하는 이 지역의 비중은 유럽지역을 능가하기 시작했다. 실제로 2001년 중국이 '세계무역기구(WTO)'에 가입한 이후 동아시아는 세계 3대 경제권으로 자리 잡게 되었다.[4]

　이러한 경제적 역동성이 지역적 상호의존을 심화시킴에 따라 안정적인 협력을 위한 제도화 필요성이 요구되었다. 1989

---

　4)　세계경제에 있어 동아시아 지역이 차지하는 국내총생산(GDP) 비중은 1990년 16%였던 것이 2010년에는 27%로 증대했다. 코로나 19 팬데믹 상황에서도 2020년 한중일 3국만의 GDP 합계는 세계 총생산의 25.47%를 차지했다.

년 말 출범한 APEC은 그러한 의미에서 적지 않은 기여를 했다. 그러나 APEC은 대상범위가 넓을 뿐만 아니라, 본격적인 지역경제협력기구라기보다 자유주의경제 협력을 지향하는 대화기구 수준에 머물렀고, 또 아시아 지역의 안정이라는 정치적 동기가 중심적인 동인으로 작용한다. 이처럼 다자협력의 제도화 요구는 거세었지만. 동북아 지역에서 실질적인 경제협력의 제도화는 무르익지 못하고 있다. 예를 들어 한국과 중국의 양자 FTA는 체결되었으나, 필요성이 제기되었던 한중일 3자 FTA는 제대로 논의되지 못했다. 물론 동북아 지역시장에서 다자협력의 제도화 요구 목소리는 경제적 상호의존이 증대할수록 더 크게 들린다. 아시아·태평양지역에서 다자무역협상으로서 RCEP와 TPP 추진은 대표적인 것이다. 애초 RCEP는 중국을 중심으로, TPP는 미국을 중심으로 아시아·태평양국가들이 중첩적으로 참여하여 추진됨으로써 경쟁적인 경향을 보이기도 했다. 2017년 트럼프 미대통령의 TPP 협상 탈퇴 이후 일본을 중심으로 한국이 빠진 11개국의 참여로 '포괄적·점진적 환태평양경제동반자협정(CPTPP: Comprehensive and Progressive Agreement for Trans-Pacific Partnership)'이 2018년 12월 탄생했으며, RCEP는 한국을 포함한 15개국의 참여로 2019년 11월 타결되었다.

이렇듯 다자자유무역협정들이 체결되었음에도 불구하고, 경제협력과 안보경쟁이 서로 엇박자를 냄으로써 협력의 제도화 과정이 마냥 순탄하지는 않은 실정이다. 사실 냉전종식 이후 동아시아 지역에서의 경제협력 증대에도 불구하고 안보적 경쟁이 점증하는 상황은 '아시아적 모순(Asian Paradox)'이라고 불려왔다. 이러한 상황에서 트럼프 미 행정부 시절 미중 경쟁이 분출되었고, 이것이 코로나19 팬데믹의 발생과 맞물리면서 다자적 협력의 제도화 전망이 더욱 불투명하게 되었다. 트럼프가 선택한 미국의 자국우선주의적 외교는 국경봉쇄를 당연시하게 된 코로나19 팬데믹을 등에 업고 지구화의 성과들을 퇴색시키고 국가의 자율성을 강조함에 따라 자유무역 질서조차도 적지 않은 혼란에 빠져들게 되었다. 바이든 행정부의 출범으로 동맹외교가 다시 강조되고 있으나, 미중 경제갈등 속에서 이전과 같은 정도로 자유무역의 가치가 존중받지 못하는 추세는 지속되고 있다.

동북아 지역질서의 변화과정에서 돌출된 이러한 상황은 동북아 지역협력의 진전에 커다란 걸림돌이 되었다. 미중경쟁이 정치·군사분야를 넘어 경제분야로 초점을 맞춰가는 추세와 더불어 중일 경제관계가 타격을 입게 되었고, 결국은 한중 경제협력에도 커다란 영향을 미치고 있다. 더구나 미국의 동맹국인 한국과 일본 사이에도 관계의 전반적 악화가 발생하면서 지역협력에 어려움이 가중되는 경향을 보인다. 한일 관계의 악화는 외형적으로 과거사 문제로부터 기인하고 있지만, 무역국가인 일본이 세계산업의 가치사슬(value chain)에 피해를 입힐 수 있는 반도체 소재부품의 수출제한과 같은 조치를 취한 것은 단순한 과거사 갈등을 넘어 그동안 진전되었던 동북아 질서변화에 불안을 느끼는 일본정부의 반응일 수 있다. 냉전종식 이후 지난 30여 년간 한국이 정치·군사적으로 국제적 위상을 급격하게 높여왔을 뿐만 아니라 과학·기술 및 경제적으로도 일본을 맹추격해온 결과에 대해 일본의 보수정부가 위기감을 느끼고 있는 듯하다. 지역 및 세계 차원에서 자신들의 국제적 위상을 유지하는 것이 점점 어려워지는 것을 실감한 일본정부가 한국을 견제하는 모습을 다방면적으로 보이고 있다는 점에서 그러한 추론이 가능하다. 어쨌든 한일갈등은 반중연합의 맥락에서 동맹들과 포괄적 안보를 추구하는 미국의 대외전략에 어려움을 가중시킬 뿐만 아니라 중국에게는 미국의 반중연합에 쐐기를 박을 수 있는 틈새를 제공하고 있다.

3) 문화적 관점

지역 내의 규범과 공유의식을 중시하는 문화적 관점에서 보면, 동북아 지역에서는 동질성과 이질성이 공존하는 가운데에도 이질화 경향이 더욱 크게 보인다. 현실적으로 안보든 경제든 이익 중심의 국가행위도 상호타협이 필요하며, 타협이 원활하게 이루어지기 위해서는 상호이해를 가능케 하는 공유규범 내지 문화가 필요하다. 서로 다른 문화적 기반을 가진 국가들 사이에 상호이해나 타협은 쉽지 않다. 그러므로 협력의 제도화를 위해서는 단순히 이익을 좇는 전략적 행위를 넘어 문화적 공유의식이 필요조건으로 간주된다. 실제로 지역 협력의 제도화란 단지 공식적 기구의 설립뿐만 아니라 지역에서 공유되는 비공식적인 규칙과 규범의 생성 및 확립을 의미하기 때문이다.

하스(E. Haas)나 도이취(K. Deutsch)와 같은 자유주의 계열의 국제정치학자들은 통합 및 공동체의 형성과정에서 공식적인 기구보다 공동체 기구에 충성심을 이전할 수 있는 과정, 즉 공동체의식의 생성과정에 초점을 맞추고 있다. 구성주의를 표방하는 국제정치학자들은 여기서 한발 더 나아가 이념을 이익형성의 기준을 제공하는 것으로 생각하고 이념, 문화, 정체성의 역할에 더 큰 비중을 둔다. 이러한 시각에서 보면, 냉전종식 이후 동북아 지역에는 두 가지 문화적 가치의 축이 서로 교차하며 정체성 갈등이 전개됨에 따라 공동의 규칙 및 규범의 확립이 쉽지 않은 실정이다.

문화적 가치의 한 축은 냉전의 유산과 관련이 있다. 세계적 탈냉전에도 불구하고 동북아에서는 이데올로기 갈등이 완전히 종식되지 못했다. 지구화의 추세 속에서 자유와 시장경제의 규범이 러시아와 중국에서 점차 확산되고 있으며, 매우 제한적이나마 심지어 북한 내부에도 영향을 미치고 있는 데 반해, 중국과 북한은 정치적으로는 아직도 사회주의 이념을 따르고 있다. 다른 한 축은 상이한 문명권의 접변에 따른 전통과 현대의 문화적 가치 충돌과 관련이 있다. 즉 서구물질문명과 더불어 확산된 서구의 문화적 가치와 아시아 전통의 문화

유산이 동북아 지역에 혼재하며 충돌하는 탓에 지역정체성의 확립에 어려움이 가중되고 있다. 물론 경제적 발전과 산업화의 추세 속에서 이익지향적인 시장경제와 자유민주주의의 가치들이 전 세계로 확산되고 있음은 의문의 여지가 없다. 그러나 안보문제나 문화적 이슈들에서는 문명권의 차이에 연원하는 상이한 삶의 방식이나 민족주의적 이념이 갈등을 야기하는 것을 부인할 수 없다.

이러한 문화적 이질성은 미중경쟁에서도 갈등의 주요 원인으로 작용한다. 미국과 유럽이 자유, 인권, 민주주의의 이념을 따르지 않는 중국 공산당을 본격적으로 비난하기 시작하면서 제2차 세계대전 이후 자본주의 대 공산주의라는 이념대결에서 탄생했던 냉전과 유사한 성격의 미중대결이 예상되기도 한다. 이처럼 이념, 가치, 문화의 차이로 인해 갈등이 가중된다면, 미중경쟁이 쉽게 극복되기 어려울 수 있다. 지구화와 탈냉전을 거치면서 자유, 인권, 민주주의가 세계적인 보편가치로 인정받는 현실하에서 중국이 그러한 가치를 수용하지 못하는 탓에 그동안 확대된 정치적·경제적 영향력에도 불구하고 국제사회에서 합당한 신뢰를 받지 못하는 중요한 원인이 되고 있음은 분명하다. 중국이 현재 자국의 이념 및 문화적 가치를 고집하며 지구화된 서구의 보편이념을 시대정신(Zeitgeist)으로 받아들이지 않는 한, 물질적인 힘의 확대만으로 패권을 확보하기란 쉽지 않을 것이다. 그러므로 미국은 더욱더 이념과 가치를 내세워 세계 및 지역적 반중전선을 확대하고 강화시키고 있다.

동북아시아에서 나타나는 이러한 문화적 이질화 내지 정체성 갈등은 유럽통합기구들과 같은 지역다자협력이 형성되지 못하는 주요 원인으로 작용하고 있다. 무엇보다 지역적 공동의식의 형성이 어렵기 때문이다. 냉전이라는 대립 상황이 동서유럽에서 지역다자협력 및 지역정체성의 형성에 영향을 끼쳤던 것은 의문의 여지가 없다. 그러나 제2차 세계대전 이후 유럽국가들 사이에 과거사를 극복하고 지역적 정체성을 확립하기 위해 주도 국가(서유럽의 경우, 독일과 프랑스)들의 엄청난 노력이 있었다는 점도 간과하지 말아야 한다. 이에 비해 동북아 지역에는 주도 국가들 사이에 과거사를 둘러싼 상처가 여전히 아물지 못함으로써 지역정체성 형성의 주춧돌 역할을 하는 상호신뢰가 싹트지 못하고 있다. 지구화된 서구의 가치를 거부하는 중국은 두말할 것도 없고, 서구적 가치를 수용한 한국과 일본 사이에서도 상호신뢰와 공유의식의 형성이 쉽지 않다.

2. 한반도 문제에 대한 동북아 지역질서 변화의 영향

이상과 같이 안보, 경제, 문화의 시각에서 정리해본 동북아 지역의 특성은 분석의 측면에서 각각 의미를 가질 뿐이며, 현실문제에서는 복합적으로 연계되어 나타난다. 이 탓에 냉전시대의 기준으로는 설명하기 힘든 모순적 현상이 드러난다. 냉전시기 한반도 문제는 미국과 소련의 세력균형 아래 어떠한 강대국도 한반도의 현상을 변경시킬 수 있는 행위를 감행하려 하지 않았다. 미소 세력균형이 붕괴된 탈냉전시대에도 한반도 문제가 외형적으로는 거의 변하지 않은 것처럼 보인다. 유럽에서 소련의 붕괴로 그 영향권에 있었던 동유럽국가들이 겪었던 방식의 체제변화가 동북아에서는 없었다. 대신 사회경제적 측면에서 동북아 국가들 사이의 교류와 협력이 증대했다. 그렇지만 안보적 측면에서는 냉전시대와 유사한 현상유지가 지속되고 있다. 다만 탈냉전 초기 유럽과 비슷하게 동북아에서도 미소 대결구조 속에서 안정적으로 관리되던 영토분쟁이 표출되면서 새로운 긴장이 조성되었다. 대표적인 영토갈등은 남중국해 분쟁이다. 이러한 지역 갈등에 분단국 문제가 가세하고 있다. 북한 핵문제와 대만문제는 한편으로 안보적 긴장을 조성하지만, 역설적으로 이러한 긴장이 남북관계나 양안(중국과 대만)관계의 현상유지를 지속시키는데 기여하고 있다.

앞에서 살펴보았듯이 탈냉전시대에는 냉전시대와 비교하여 경제와 문화를 둘러싼 갈등이 훨씬 더 두드러진다. 사실 강대국들이 핵무기를 경쟁적으로 개발하고 보유한 탓에 강대국 사이에 전쟁이 벌어지기는 더욱 힘들게 되었다. 강대국 사이의 핵전쟁은 지구의 멸망을 의미하기 때문이다. 따라서 1960년대 이후 미국과 소련이 비슷한 핵무장력을 갖춘 이래로 핵무기는 의도치 않게 전쟁억제의 기능을 해왔다. 물론 재래식 무기만 동원되어 특정 지역에 국한된 소규모의 우발적 무력충돌이 발생할 가능성은 항상 있다. 만에 하나 패권경쟁이 격화되어 강대국 국민들 사이의 악감정이 증폭되면서 발생하는 우발적 군사충돌은 핵전쟁으로 확대될 가능성을 배제할 수 없다. 미국과 중국도 이러한 점을 잘 알고 있다. 그럼에도 중국이 전투기, 미사일, 항공모함 등 군사력을 증강하는 노력은 당장 군사력으로 미국의 패권을 뺏어 오겠다는 것보다는 특정 지역에서 발생할 수 있는 낮은 강도의 무력분쟁에 대한 대응능력을 높이고, 나아가 핵억지 및 핵전술 능력을 높이려는 의도에서 나온 것으로 판단된다.

요컨대 탈냉전시기 한반도에서 현상유지가 지속되는 배경에는 핵무기를 기반으로 하는 군사적 세력균형보다 변화하는 안보질서로 인한 불확실성이 더욱 큰 결정력을 가진 요인이 되고 있다. 냉전종식 이후부터 미국의 패권에 대한 중국의 도전 가능성은 항상 주목의 대상이었다. 그렇지만 근래 미중경쟁에 대한 많은 우려에도 불구하고 아직도 중국이 군사력 측면에서 미국과 균형을 이루고 있다든지 조만간 균형을 이루게 될 것이라는 예측은 별로 없다. 중국의 도전에 대한 서방의 우려는 오히려 과학기술과 경제에서 중국이 급성장하는 동시에 문화적인 매력을 세계적으로 확산시킬 가능성에 있다. 실제로 중국은 21세기를 열면서 경제적으로 급성장했고, 첨단 과학기술분야에서 부분적이지만 미국을 앞지르기 시작했다. 국방력의 증대를 위해서는 항상 충분한 경제력과 과학기술력이 뒷받침되어야 한다는 사실을 고려하면, 중국의 급성장이 미국 패권에 의해 유지되어온 세계질서에 커다란 도전이 된다는 점은 의문의 여지가 없다. 이에 경각심을 가지게 된 미국과 서방은 반중국연합에 공감대를 형성하기 시작했다. 여기서 우려의 주요 근거는 단지 중국의 경제 및 과학기술발전뿐만 아니라 중국이 제2차 세계대전 이후 정착된 서방 중심적 세계 규범에 도전하는 것이다. 특히 시진핑 주석의 등장 이래 육로와 해양의 실크로드를 연결하려는 원대한 세계 전략으로서 중국이 추진했던 '일대일로' 사업은 단지 중국의 세계경제패권 의지뿐만 아니라 민족주의적 배타성과 중화사상에 기반을 둔 중국의 '전랑(戰狼)외교' 행태를 동반했다.

탈냉전시대에 들어와 이처럼 안보질서가 미중 패권경쟁의 방향으로 나아갈 가능성을 높이는 동안 냉전시대에 탄생했던 동맹체계에도 변화가 발생했다. 동북아 지역에서는 외형적으로 미국 중심의 양자동맹이 지속되고 있으나, 그 내용에서는 질적 변화를 보인다. 특히 한미동맹의 경우, 한국의 입장에서 북한의 위협은 예나 지금이나 별로 달라진 것이 없기 때문에 과거와 마찬가지로 미군의 주둔 및 방위공약에 입각한 기존의 동맹체계는 중요하지만, 미국의 입장에서는 냉전종식에 따라 세계 및 지역안보 전략이 수정되면서 동맹체계의 변화는 불가피하게 되었다. 21세기 벽두부터 미국은 '해외주둔미군재배치계획(GPR: global posture review)' 계획을 내세워 소위 기존의 '위협기반전략'에서 '능력기반전략'으로의 전환을 시작했다. 즉 냉전시대 위협이 존재하던 최전선에 미군을 배치하던 방식을 지양하고, 전력의 유연성을 극대화함으로써 유사시 필요한 장소에 신속하게 전력을 투사하겠다는 전략이다. 이에 따라 주한미군은 감축되고 대신에 대북 억지력 강화 차원에서 스트라이커(stryker) 부대로 명명되는 신속기동군의 순환배치가 이루어지게 되었다. 뿐만 아니라 2006년부터 주한미군의 군사력은 소위 '전략적 유연성'이라는 명목아래 과거와 같은 대북군사력 억제 역할에만 묶이지 않고 미국이 관여하는 세계분쟁지역 어디든지 파견될 수 있게 되었다. 이로써 미군은 한반도에 동북아 및 세계안보를 위한 훌륭한 해외주둔기지를 확보하는 효과를 얻게 되었다.

일반적으로 동맹은 참여국의 이익이 서로 교환될 수 있기 때문에 이루어지고 유지된다. 경우에 따라 동일한 이념과 가치를 공유하는 동맹, 즉 안보공동체(security community)가 형성되기도 한다. 냉전시대에 한미동맹은 소련 및 북한 등 공산주의체제에 대항하는 공동의 이념에 기반을 두는 안보공동체적 성격을 보이기도 했다. 그러나 냉전종식 이후 미국의 세계전략 변화와 더불어 기존의 동맹에 존재했던 상호이익에 균열이 발생했다. 미국의 수정된 세계 및 지역전략에서 주적은 중국이 되었다. 물론 한반도 및 동북아 지역을 비롯하여 미국 본토까지 위협하는 북한의 핵·미사일에 대해 미국이 위협을 느끼지 않는 것은 아니다. 그럼에도 북한의 위협은 미국의 세계전략에서는 하위적인 변수일 뿐이며, 필요하면 언제든지 제압 가능한 것으로 판단하고 있는 것으로 보이며 상황에 따라 전략적으로 활용할 수 있는 문제로 간주되기도 한다. 대표적인 사례가 사드(THAAD)라고 불리는 미국의 '고고도 미사일 방어체계'를 한국에 배치한 것이다. 배치 당시 미국과 한국정부는 사드가 북한의 핵미사일 방어용이라고 발표했으나, 중국정부나 국제적 안보전문가들은 이것이 미국의 지구적 미사일방어체계의 일부분이며, 특히 중국의 핵미사일을 겨냥할 수 있다는 점에 주목했다. 또한, 주한미군은 이전과 달리 단지 북한의 위협에만 대응하지 않는다. 한국정부가 미국의 요구를 마지못해 수용한 '전략적 유연성'은 한국의 입장에서 결코 간단한 것이 아니다. 만약 대만해협에서 분쟁이 발생할 경우에 주한미군의 일부가 이동하게 될 것이란 점을 감안하면, 중국의 입장에서 주한미군은 위협적일 수밖에 없다. 따라서 주한미군 기지는 유사시 공격대상이 될 수 있다. 요컨대 변화된 미국의 세계전략은 한미동맹을 새로운 미국의 동맹 네트워크의 한 부분으로 이미 만들었고, QUAD에 한국, 베트남, 뉴질랜드를 포함시키는 'QUAD+' 계획에서 보듯이 이 네트워크에 한국을 견고하게 묶어 놓으려는 의도를 가지고 있다.

이러한 한미동맹의 질적 변화는 한국에게는 크게 두 가지 새로운 난제를 던지고 있다. 첫째, 한미동맹이 중국을 주적으로 하는 동맹 네트워크에 속하게 된다는 것은 한국에게 매우 곤혹스러운 일이 아닐 수 없다. 냉전종식과 지구화의 심화로 인해 자유무역이 확대된 결과로 한국과 중국 사이에 투자 및 무역을 비롯한 경제적 연계가 심화되었기 때문에 중국을 적으로 돌리는 일은 사드사태에서 경험했듯이 막대한 경제적 기회비용을 지불하게 만든다. 사실 중국은 냉전종식 이후 막대한 노동력을 기반으로 세계의 생산 공장이 되었고, 급격한 경제발전과 더불어 투자 및 소비시장으로 거듭났다. 미국이나 서유럽국가들 역시 중국과 산업 및 무역으로 긴밀하게 얽혀 있다. 더욱이 제2차 세계대전 이후 지속되었던 달러 중심의 세계금융시장이 수시로 불안정성을 드러내는 현실에서 중국의 세계금융지배력도 점차 확대되고 있다. 이러한 세계경제의 변화 속에서 무역의존성이 세계 어떤 나라보다 높으며, 동북아의 지역적 산업구조의 성격 탓에 중국에 경제적 의존성을 확대해온 한국이 중국 시장을 포기하는 일은 쉽지 않다. 그렇다고 미중 경제전쟁에서 미국의 뜻을 마냥 거스르기도 어렵다. 첨단 산업의 원천기술과 가치사슬에서 미국의 지배력은 여전히 유효하기 때문이다. 이러한 딜레마는 약간의 뉘앙스 차이가 있을지 몰라도 한국의 역대 어떤 정부나 공통적으로 고민해왔던 것이다. 실제로 역대 한국정부의 대미 및 대중외교는 일종의 '정경분리(政經分離)', 즉 정치는 미국과, 경제는 중국과 각각 가깝게 한다는 정책으로 표현되기도 했다. 그러나 미중경쟁이 치열해지면서 한국의 양다리외교는 시험대에 오르고 있다.

한국사회 내부의 보수진영은 미중경쟁이 치열해지면서 미

국의 편에 확실하게 서는 외교 안보의 필요성을 강조한다. 이는 한국의 진보정부가 주장하듯이 미국과 중국에 대해 확실한 태도를 보이지 않은 소위 '전략적 모호성'의 유효기간은 머지않아 끝나게 될 것이라는 판단에 근거한다. 만약 미국이 한국을 동맹 네트워크에서 방기한다면, 한국의 안보불안을 어떠한 비용으로도 감당하기 힘들며, 심지어 중국으로부터도 정당한 대우를 받지 못할 것이고 체제가치의 차이로 문화갈등도 충분히 예상되기 때문에 당장의 경제적 손실을 감수할 필요가 있다는 생각이다. 이에 대해 진보진영은 지정학적 특성상 미군이 한반도에 주둔함으로써 얻는 이익이 결코 적지 않기 때문에 한미동맹의 와해는 생각하기 어렵다고 주장한다. 실제로 미국과 중국은 한국정부에 대해 각각 중국과의 경제적 연관, 미국과의 정치적·안보적 연관을 인정하고 있다는 점을 내세우며 중국과 등을 돌림으로써 굳이 경제적 손실을 감수할 필요가 없다는 판단을 내린다. 미중 경제대결이 국가와 시장의 양 면에서 매우 복잡하게 진행되고 있으며, 그 경제적 여파가 어떻게 전개될지 예측하기 어려운 상황에서 경제적으로 한국이 미중대결구도에 휩쓸려 들어가면, 세계시장에서 한국의 기술과 산업이 미래의 경쟁력을 확보할 수 있을지도 매우 불투명하다. 어쨌든 양 진영의 시각은 나름대로 의미를 갖기 때문에 어느 하나를 선택하려면 대단한 결단이 필요하다. 앞으로 미중경쟁이 어떻게 진행되는가에 따라 결단이 필요한 시간이 다가올지도 모른다. 다만 한 가지 염두에 두어야 할 것은 21세기에 들어와 지구화, 금융위기, 팬데믹 등을 거치며 안보의 문제가 군사력에 치중하는 전통적 안보를 넘어 인간안보, 경제안보, 환경안보 등과 같은 비전통적 안보에 대한 인식이 점차 확대되고 있다는 점이다. 미국과 중국은 물론이고 한국에서도 그러하다. 따라서 안보라는 이름으로 통용되던 기존의 현실주의적 평화를 넘어 자유주의적이거나 비판적 시각의 평화에 대한 상상력이 그 어느 때보다 필요하다.

둘째, 한반도 문제의 미래를 둘러싸고 한미 간에 이견이 발생하는 것이다. 김영삼정부이래 대북·통일정책을 두고 한미 간에 공감대를 형성했던 시기보다 갈등을 빚었던 시기가 훨씬 많았다. 특히 김대중정부를 기점으로 진보정부의 한반도 평화정착 중심적 접근은 기본적으로 미국의 전폭적인 지지를 받지 못했다. 대체로 미국의 공화당정부가 강경한 반대 입장을 표명했다면, 민주당정부는 소극적인 반대를 하거나 북한을 무시하는 태도를 보였다. 그 이유는 크게 두 가지로 추론될 수 있다. 첫째로 1990년대와 2000년대 초중반에 걸쳐 미국은 북한 핵문제를 전략적으로 활용하고자 했던 것으로 추론된다. 1994년 「북미제네바합의」를 통해 북한이 핵무기 개발을 포기하는 대신에 경수로를 제공하기로 했을 당시 미국은 다른 동유럽의 공산국가처럼 머지않아 북한 정권이 붕괴할 것으로 믿었다는 당시 미국 협상대표 갈루치(R. Gallucci)의 증언이 있었다. 이를 통해 당시 미국의 한반도 문제에 대한 기본입장을 읽을 수 있다. 냉전종식 직후 동북아에서 미국의 최대 관심사는 기존 질서의 붕괴에도 불구하고 미국의 기득권을 유지하는 것이었다. 아마도 지역의 안보 혼란을 막으려는 것이 가장 큰 이유였을 것이다. 북한의 핵개발은 결코 좌시할 수 없는 것이긴 하지만 미국은 마음만 먹으면 통제 가능한 위협으로 간주했다. 오히려 미국은 북핵문제가 핵확산의 계기로 작용할 가능성에 대해 더욱 우려했다. 또한, 냉전종식 직후에 미국은 북한의 붕괴로 인한 한반도 통일이 초래하게 될 한반도 및 지역안보질서의 불확실성에 더 큰 관심을 두었다. 이러한 상황에서 북한의 핵개발은 의도여부와 상관없이 미국의 지속적인 대한반도 관여 필요성을 강하게 입증해주는 것이기도 했다. 1990년대 말에서 2000년대 초반 클린턴 미 행정부와 김대중정부가 겹치는 시기에 북미 간 핵문제 해결 가능성과 한반도의 평화체제 형성 가능성이 엿보이기도 했다. 그러나 부시 행정부가 들어서면서 북미가 포함된 6자회담은 단절되고 남북관계에도 미국의 반대 그림자가 짙게 드리워지기 시작했다. 9·11사태라는 초유의 충격을 받은 탓도 있지만, 소위 '불량국가' 내지 '테러지원국가'에 대한 부시 행정부의 강압정책은 북한에게도 유효했다. 특히 북한의 핵개발은 당시 부시 행정부를 장악했던 네오콘(Neocon)의 대외정책을 비롯한 미국의 세계전략 수정 필요성을 확인해주는 하나의 근거로 활용되었다.

두 번째 이유는 북한에 대한 미국의 심각한 불신이다. 1990년 이후 북미 간 여러 차례 합의가 이루어졌지만 거의 실천되지 못했고, 일단 실천되었더라도 중단되었기 때문이다. 미국은 북한이 약속을 지키지 않았거나 거짓을 일삼았기 때문이라고 말한다. 이에 대해 북한도 미국이 약속을 파기했다고 주장한다. 특히 부시 행정부가 대북중유지원을 중단함으로써 「북미 제네바합의」를 깼으며, 또 트럼프 행정부가 하노이 제2차 북미정상회담에서 사전실무회담에서 공유했던 것과 다른 태도를 취하며 협상을 실패로 이끄는 등의 사례는 북한이 불만을 가질 수 있는 것으로 보이기도 한다. 어쨌든 북미합의가 지켜지지 못한 것은 양국의 전술 및 전략적 접근은 두말할 것도 없고 문화적 차이로 인한 상호이해 부족이 신뢰조성을 어렵게 만들었기 때문이다. 부시 공화당정부 다음의 오바마 민주당정부도 신뢰성 탓에 북한과는 아무것도 하지 않는 소위 '전략적 인내'를 견지했고, 바이든 행정부에서도 같은 이유로 북미관계의 미래가 여전히 불투명하다. 다만 바이든 행정부의 출범 이후 대북정책 검토를 마치고 북한에 대화를 제의했지만, 북한은 북미회담 재개에 선뜻 응하지 않으며, 전략적 선택지를 두고 신중한 모습을 보이고 있다. 이는 미중경쟁의 추이를 최대한 활용하려는 의도로 읽힌다.

한국의 진보정부는 북미대화를 통한 북핵문제 해결의 실마리가 풀리지 않는다면, 남북관계 개선도 쉽지 않을 것이기 때문에 미국과 북한에 대해 한반도 평화정착의 중요성을 누차 강조하고 설득해왔다. 특히 노무현정부는 미국에 한반도 평화협정 체결의 필요성을 제기하면서 이를 준비하기 위해 자

수국방과 전시작전권 환수를 요청해왔다. 언뜻 보면, 미국의 입장에서 미국의 첨단무기를 수출하는 것과 한반도의 방위에 필요한 여러 비용을 줄이는 것은 바람직한 일이 아닐 수 없다. 그러나 평화협정을 체결하더라도 미국본토를 직접 겨냥하기 시작한 북한의 핵미사일 문제가 어떻게 해결될 수 있을지, 그리고 평화체제가 한반도에 정립되면 주한미군의 지속적 주둔이 가능할 것인지와 같은 어려운 질문이 제기된다. 더욱이 한반도가 통일된다면, 동북아 안보질서가 어떻게 전개될지도 매우 불확실하다. 예를 들면, 통일된 한반도에 힘의 공백상태가 발생한다면, 새로운 세력 각축이 벌어질 것이고, 이와 달리 통일한국이 새로운 세력으로 등장한다면, 주변국과의 새로운 안보갈등, 예컨대 통일한국과 일본, 그리고 중국 사이에 갈등 및 협력과 같은 새로운 안보문제가 돌출할 가능성을 배제할 수 없다. 그러므로 미국은 평화협정을 북핵문제의 선결조건이 아니라 북미대화의 결과로 보고 있다. 이는 한국 진보정부의 정책과는 차이를 보이는 것이다. 이러한 상황에서 미국이 북한 핵·미사일 시설에 대한 제한적 폭격을 통해 북핵문제를 해결하는 것을 최후의 선택으로 삼는 정책도 여전히 유효한 것으로 판단된다. 미국은 비록 대화를 통한 북핵문제 해결을 강조하고 있지만, 북한의 대화불응과 핵·미사일 실험 등 도발이 지속된다면, 클린턴 행정부 시절 이미 시도하려 했던 '외과수술적 폭격'이란 선택의 유혹을 떨쳐버릴 수 없을 것이다. 아마도 그 선택은 미중경쟁을 향한 미국의 세계 및 지역전략과 연계되어 결정될 것으로 보이지만, 최악의 상황이 아니라면 실행되기는 어려울 것이다. 어쨌든 북한이 던져놓은 핵문제는 미중경쟁이라는 동아시아 안보질서의 변화와 맞물려 한국의 대외 및 대북정책에 커다란 어려움을 야기하고 있다.

5장

남북한 사이의 대결과 협력

냉전시대의 남북관계는 대결과 경쟁으로 점철되었다고 해도 과언이 아니다. 1971년 남북적십자회담과 1972년 「7·4 남북 공동성명」을 시작으로 남북 당국 사이에 마침내 대화의 물꼬가 트였다. 여기서 '자주,' '평화,' '민족대단결'이라는 3대 통일원칙에 대한 합의를 비롯하여 화해·협력이 약속되었으나, 남북한은 공동성명의 이행방법을 두고 논쟁을 주고받다가 다시 대결 상태로 되돌아갔다. 공동성명 이전에는 '대화 없는 대결'이었다면, 이후에는 '대화 있는 대결'이라는 차이만이 있었다. 1980년대 말 사회주의체제가 붕괴될 때까지 남북한 사이에 여러 차례 대화와 협력의 모습을 보이기도 했지만, 대체로 단기간 동안 대화가 이루어지다가 곧 결렬되고 이후 오랫동안 반목하는 행태가 반복되었다.

1980년대 후반 사회주의체제가 몰락하고 북한이 국제적으로 고립되어 심각한 경제난과 식량난을 마주하게 되면서 북한은 어쩔 수 없이 남한과의 대화에 나섰다. 냉전질서의 해체가 가시화되기 시작한 1988년 남한정부는 이미 '7·7 선언'을 통해 북한의 호응여부와 상관없이 일방적인 대북관련 개방조치를 취했다. 그 일환으로 1989년 6월 12일 '남북교류협력에 관한 기본지침'이 제정되는 등 대북교류·협력의 제도적 기반이 마련되기 시작했다. 북한은 당시 남한의 제의에 호응하는 것 외에 선택의 여지가 없었기 때문에 1990년 남북 고위급회담 개최에 합의했다. 이에 따라 서울과 평양을 번갈아 가며 고위급회담이 열렸다. 그 결과로서 남북한은 유엔동시가입에 합의했고, 특히 6차 고위급회담에서는 '한반도의 비핵화에 관한 공동선언'을 발표했으며, 1991년 말 마침내 「남북간 화해와 불가침 및 교류·협력에 관한 합의서」(약칭 「남북기본합의서」) 및 부속 합의서를 체결했다.

「남북기본합의서」는 상대 체제의 존중, 무력불사용과 무력침략포기, 각 분야에서 교류·협력과 자유로운 인적 왕래 및 접촉을 주요 내용으로 담고 있는 탓에 남북관계의 획기적인 전기를 마련할 수 있는 매우 의미 있는 합의로 평가된다. 그러나 북한은 합의 이행을 위한 분과별 대화에 소극적인 태도를 취했고, 곧이어 불거진 북핵문제로 인해 기본합의서가 실천될 수 있는 기회가 사라졌다. 남한의 입장에서 「남북기본합의서」는 남북관계의 발전을 위해 생각할 수 있는 최선의 방법들을 담고 있으며, 그 합의만 제대로 실천된다면 한반도 평화는 물론이고 통일도 곧 될 수 있을 것으로 판단했다. 그러나 북한당국은 그 합의서를 사회주의권 붕괴로 인한 최악의 고립 상태에서 맺은 치욕스러운 것으로 간주하고 있는 듯하다. 실제로 이후의 모든 남북대화나 합의에서 북한은 의도적으로 「남북기본합의서」를 공개적으로 언급하지 않을 정도이다. 그럼에도 이후 지금까지 여러 남북합의 및 공동선언에는 비록 표현이 다르게 되더라도 기본합의서의 핵심 내용들이 반복적으로 담기는 것에 주목할 필요가 있다.

「남북기본합의서」의 전면적 이행은 불발되었으나, 한번 물꼬를 튼 경제분야의 교류·협력은 점차적으로 확대되었다. 주로 제3국을 경유한 간접교역의 형태를 띠었던 초창기의 교역 형태는 점차 직교역 형태로 바뀌어 갔으며, 1992년부터 북한에 원자재를 제공하고 북한의 노동력을 이용하여 제품을 생산한 뒤 남한으로 반입하는 위탁가공교역도 시작되었다. 그러나 경제분야 이외의 인적 교류가 수반되는 사회·문화 분야의 교류·협력은 정치적 관계에 민감하게 영향을 받았기 때문에 개개인이나 사회단체들의 교류는 매우 제한적으로만 이루어졌다.

김대중정부의 햇볕정책은 남북 교류·협력에서 대전환이 발생하는 계기를 만들었다. 노태우정부 이후 김영삼정부에서도 남북 사이에 경제적 교류가 점증하기는 했으나, 규모나 내용 면에서 제한적이었다. 김영삼정부 시절 남북정상회담이 약속되기도 했으나 1994년 7월 초 김일성의 갑작스런 사망으로 실현되지 못했다. 더욱이 김영삼정부는 북한체제의 붕괴 가능성을 염두에 두고 남북 교류·협력을 추진했고, 북한 정권은 김일성의 사망으로 인한 권력승계 과정에서 폐쇄성을 고집한 탓에 관계의 전향적 변화 계기는 마련되지 못했다. 이에 비해 최초의 수평적 정권교체를 이룬 김대중정부는 기존의 대북·통일정책과 다른 차원의 '햇볕정책'을 추진했고, 김일성의 3년 상을 마친 북한 정권은 내부의 경제 및 식량난의 극복을 위해 진보정부의 새로운 대북·통일정책에 조심스럽게 호응하기 시작했다. 햇볕정책 추진으로 과거에 볼 수 없었을 정도로 남북관계가 양적·질적으로 확대되었음에도 불구하고 김대중정부 이후 남한의 정권교체와 북핵문제를 둘러싼 북미 간 불신 탓에 남북관계는 부침을 거듭해왔다. 이러한 남북관계의 변화를 이끌었던 배경 내지 원인과 그 특징들을 보다 구체적으로 이해하기 위해 정치·경제·사회문화분야에서 남북관계의 흐름을 살펴볼 필요가 있다.

1. 남북 당국 간 대화: 협력과 갈등

남북 당국 간 대화는 남북관계의 실질적인 방향타 역할을 한다. 남북 당국 사이에 정치적 대화나 합의 없이 경제나 사회문화분야의 교류·협력이 활성화되거나 지속될 수는 없다. 남북관계는 예나 지금이나 정치 우선적 성격을 띠고 있기 때문이다. 이는 일차적으로 냉전종식 이후 북한 정권이 체제생존에 주력해왔던 탓으로 볼 수 있다. 냉전종식 이후 지금까지 남북관계에 대한 북한의 입장은 일관되게 체제생존의 목표와 직결되어 있다. 이에 비해 역대 남한정부에서는 집권당의 대북·통일정책 노선이 서로 달랐기 때문에 정책의 일관성이 유지되지 못했고, 온탕과 냉탕을 반복되는 모습을 보였다. 요컨대 탈냉전시대 남북관계가 부침을 거듭한 배경에는 남한의 정권교체에 따르는 대북·통일정책 변화가 주요 요인으로 작용했다. 일반적으로 북한의 체제생존전략에 따른 핵·미사일 개발이 남북관계 부침의 주요 원인이라고 생각하는 경향이 있으나 현실은 그러한 생각과 거리가 있다. 핵문제는 북한의 거부로 남북대화의 의제로 수용되지 못했고, '비핵화공동선언' 이후 항상 4자 및 6자회담이나 북미협상에서 다루어졌다는 사실을 되돌아본다면, 남북관계와 북핵문제 사이에는 직접적인 연관성을 찾기 어렵다.

물론 북핵문제가 남한사회의 안보적 불안을 증대시켰다거나 미국 및 국제사회의 강력한 대응을 유발시킴으로써 남북관계의 발전 가능성을 저해했다는 것은 의문의 여지가 없다. 따라서 북핵문제의 해결을 남북관계 개선의 전제조건으로 삼는 시각에서는 그 연관성을 강조할 수 있을 것이다. 그러나 남북관계가 활발했을 때나 침체되었을 때를 막론하고 북핵문제는 항상 골칫거리였다는 점에 주목하면, 북핵문제는 실제로 남북관계의 변수였다기보다 상수였음을 인정하지 않을 수 없을 것이다. 이는 북한의 입장에서 뒤집어보면 더욱 명확해진다. 북한이 직면하는 가장 직접적인 안보위협은 한미연합훈련이다. 특히 냉전종식 이후 한미군사당국의 작전계획 변화, 즉 북한의 공격에 대한 과거 방어위주에서 방어 후 반격으로 북진을 추가한 탓에 북한은 한미연합훈련에 대해 매우 예민하게 반응한다. 한미연합훈련은 한미동맹의 사안으로서 남한이 독단적으로 중단을 결정할 수 없다. 북한당국은 남한당국에 한미연합훈련을 비난하고 공세적인 태도를 취하지만, 실제적 공세는 미국을 향하고 있다. 남한당국을 아무리 압박해도 한미동맹체제, 특히 미군의 전시작전권 탓에 남한당국이 어떠한 직접적인 변화를 주도하기 어렵다는 것을 북한당국도 잘 알기 때문이다. 요컨대 북핵문제는 남한에게, 한미연합훈련은 북한에게 각각 최대 안보위협이지만, 남북한이 협상하여 이 문제에 대한 어떠한 해결책을 마련할 수 없다는 것을 서로 잘 알고 있다. 따라서 남북관계의 개선과 활성화는 근본적인 안보구조의 변경과는 별개의 차원에서 이루어질 수밖에 없는 것이 현실이다. 그렇기에 향후 지속가능한 분단의 평화적 관리와 평화통일의 길이 마련되기 위해서는 남북관계 발전과 근본적 안보구조의 변화가 접점을 찾아야 한다는 것은 두말할 필요가 없다.

이러한 성격을 가진 남북관계를 제대로 이해하기 위해서는 남한정부의 정책들에 대한 이해가 선행되어야 한다. 먼저 남북관계에 새로운 장을 열었던 햇볕정책을 정확하게 아는 것이 중요하다. 1998년 2월 25일 출범한 김대중정부는 '평화·화해·협력 실현을 통한 남북관계 개선'을 목표로 하는 대북정책을 표명했다. 햇볕정책이라고 명명된 김대중정부의 대북정책에서 표방된 원칙, 기조, 과제는 자구(字句)상으로 역대 정부의 정책 노선과 대동소이한 것 같지만, 실제 내용상에서는 물론이고 정책추진과정에서 과거와는 현격한 차이를 보였다. 외형적 특징으로는 우선 과거와 달리 통일에 대해 구체적 언급을 자제한 채, 남북관계 개선에 대한 강력한 의지만을 표명했다. 정책추진과정에서도 남북한 사이에 돌발적 사건이 발생하더라도 대원칙을 일관성 있게 유지하면서 세부과제의 우선순위를 재조정하는 현실주의적 모습을 보였다. 이러한 정책추진 방식은 근본적으로 북한 및 분단현실에 대한 인식과 접근방법에서 과거 정부와 크게 차이를 보이는 것이었다. 햇볕정책에는 이전의 정책들과 비교하여 특징적인 세 가지 기본구상이 내재해 있었다. 첫째, 한반도 분단의 현상유지를 잠정적으로 인정하는 토대 위에 평화체제를 구축해야 한다는 것이다. 둘째로는 북한체제가 안정됨으로써 점진적 변화가 비로소 기대될 수 있다는 확신 아래 남북 교류·협력을 북한의 개혁·개방의 밑거름으로 삼고자 하는 것이다. 마지막으로는 남북 교류·협력에 대한 강조가 북한의 위협에 눈감는 대북유화정책이 아니라 튼튼한 안보능력을 기반으로 교류·협력을 활성화함으로써 단순히 '평화 지키기'를 넘어 '평화 만들기'를 하려는 것이다.

햇볕정책에 대한 북한의 초기반응은 우호적이지는 않았다.

'햇볕'이라는 단어가 해와 바람 사이에 길가는 사람의 외투 벗기기에 대한 이솝우화에서 유래한 탓에 북한 정권에게 햇볕정책도 결국은 북한체제를 붕괴시키려는 새로운 방법으로 비춰졌기 때문이다. 그렇지만 1994년부터 1997년까지 200~300만 명이 굶어 죽었다고 알려진 소위 '고난의 행군'을 겪은 북한 당국으로서는 당면한 식량난과 경제난을 극복하기 위해 남한의 도움에 기댈 수밖에 없었다. 고난의 행군 시기 북한은 중국으로부터 도움을 받지 못했고, 이 탓에 중국에 대한 배신감을 뼈저리게 체감했기 때문에 더욱 그러했다. 북한 정권에게는 남한과의 관계 확대가 북한사회 내부에 미칠 영향이 우려되었지만, 핵개발과 내부적 사상무장 강화와 나란히 남북관계 개선의 방식을 통제함으로써 이를 극복하려 했다. 때마침 정주영 현대 회장이 1998년 6월 소떼를 몰고 방북하여 김정일 위원장을 만나고, 금강산관광사업을 관철시키면서 남북관계의 개선 의지가 남북 당국의 양측에서 확인됨에 따라 절차 및 제도에 대한 당국 간 협상이 불가피하게 되었다. 마침내 2000년 6월 중순 남북정상회담이 평양에서 개최되었고, 6월 15일 「남북공동선언」이 발표되었다.

5개 항으로 이루어진 「6·15 남북공동선언」에서 가장 논란을 많이 빚었던 것은 두 번째 항목으로서 통일방법에 관한 내용이었다. 즉 "남측의 연합제안과 북측의 낮은 단계의 연방제 안이 서로 공통성이 있다고 인정하고 앞으로 이 방향에서 통일을 지향시켜나가기로 했다"는 것이다. 남한의 보수진영은 김대중정부가 북한의 통일방안에 동의했다고 비판했으나, 그 내용을 곰곰이 따져보면, 한반도 통일이 당장 불가능한 현실에 대해 남북한의 두 지도자가 인식을 공유한 결과였다고 추론할 수 있다. 즉 통일이 당장 가능하지도 않은 현실을 감안하여 일단 교류·협력을 통한 분단의 평화적 현상유지에 우선권을 두어야 할 필요성에 대한 공감이다. 추론컨대 남한과 북한 사회에서 통일은 절대적인 가치를 지닌 목표로 인식되고 있기 때문에 당분간 통일은 불가능하다는 식의 선언은 애초부터 가능하지 않다는 것을 잘 아는 노회한 두 정치인이 통일이라는 단어를 사용하면서도 당장은 어렵다는 점에 동의한 것이었다. 물론 그러한 인식 공유를 이끌었던 두 지도자의 동기는 당연히 달랐다.

김대중 대통령의 동기는 햇볕정책의 기본구상에 내재해 있듯이 과거 남한정부의 통일방안들과 크게 다르지 않은 '기능주의적' 구상에서 유래했다. 기능주의는 국가들 사이에 비정치적 분야의 교류와 협력이 증대하면 결국에는 정치통합으로 파급됨으로써 평화실현에 이바지할 수 있다는 결론을 이끌어 낸다. 만약 이러한 기능주의의 방법으로 두 집단이 통일을 이루게 된다면, 현실적으로 경제적·사회적 역량이 상대적으로 큰 일방의 정치·사회·경제체제가 그렇지 않은 다른 일방을 흡수하는 결과를 초래할 개연성이 매우 높다. 사람들은 더욱 풍요롭고 자유로운 체제를 선택할 것이기 때문이다. 이러한 기대를 가지고 김대중 대통령은 기능주의적 방법의 실현을 위해서 남북 교류·협력을 활성화시킬 수 있는 한반도 평화체제의 정착이 우선해야 하며, 이를 바탕으로 평화통일이 가능할 것이라 판단했다.

북한 정권도 기능주의적 통일방법에 대해서 잘 알고 있으며, 항상 경계심을 가지고 있다. 실제로 1960년 김일성이 제안했던 연방제 통일방안도 기능주의적 구상과 유사한 것이었다. 6·25전쟁 이후 급속한 전후복구를 통해 남한보다 경제적 우위를 점하게 되었던 북한 정권은 그러한 방식으로 적화통일을 기도하기도 했다. 이후 남북체제경쟁에서 북한이 뒤처지게 되자 북한은 통일의 최종모습을 누락한 연방제 통일을 강조했고, 1991년 신년사를 통해 김일성은 소위 '후대통일론,' 즉 "서로 다른 제도를 하나의 제도로 만드는 문제는 앞으로 천천히 순탄하게 풀어나가도록 후대들에게 맡겨도 된다"고 말하며 한반도에서 두 체제가 공존할 수 있는 통일방식을 요구했다. 김정일 위원장의 동기 역시 그러한 맥락에서 이해될 수 있다. 남북 교류·협력이 남한의 통일요구와 맞물리는 것은 체제생존에 매진하는 김정일 위원장에게 끔찍한 일이 아닐 수 없기 때문이다. 어쨌든 「남북공동선언」의 2항을 통해 분단이래 지속되어왔던 통일방법론을 둘러싸고 남북 간에 벌어졌던 경쟁과 대립[1]은 일단 막을 내렸다.

---

1) 남북한의 통일방안에 대해서는 다음 글 참조. 박순성·최진욱, 『통일방안의 변천과정: 1945~1993』(서울: 민족통일연구원, 1993); 심지연, 『남북한 통일방안의 전개와 수렴』(서울: 돌베개, 2001);

「6·15 남북공동선언」의 정신은 이후 남한 진보진영의 대북·통일정책을 이끄는 지침이 되었고, 노무현정부와 문재인 정부에도 큰 영향을 끼쳤다. 특히 노무현정부는 자신의 대북·통일정책을 '평화번영정책'이라고 이름 짓고, 남북관계의 개선과 관련하여 햇볕정책의 기본구상을 대체로 그대로 계승했다. 그렇지만 평화번영정책은 과거와 달리 공간적 범위나 적용 범주의 양면에서 통일정책의 지평을 확장했다. 즉 과거처럼 남북한 당사자에 국한시키는 것을 넘어서 외교·안보·통일·경제를 포괄하는 새로운 국가전략적 성격을 띠게 되었다. 대한민국 건국 이래 처음으로 국정지표에서 '통일'이란 단어가 삭제되었다는 사실에서 '평화번영정책'의 성격이 잘 드러난다. 국가전략으로서 평화번영정책은 남북한 당사자 원칙을 상대적으로 퇴색시킨 반면, 국제화된 한반도 문제의 현실을 더욱 크게 반영했다. 그럼에도 노무현정부에서 남북 교류·협력은 전무후무할 정도로 활성화되었다. 특히 개성공단사업과 철도·도로연결을 비롯하여 경제교류·협력에 관한 남북 당국 간 대화 및 협력이 괄목할 정도로 증가했고, 사회문화 및 인도적 분야에서 인적 교류의 규모도 크게 늘었다. 더욱이 북한 핵문제로 인해 한반도의 안보상황이 위중해짐에도 불구하고 남북 당국 간 군사회담도 활발하게 개최되었다. 군사분계

Hak-Sung Kim, "Contending Unification Formulas on the Korean Peninsula and Tasks for Future Research," *Journal of peace and Unification* Vol.1, No.1 (Spring 2011).

선 인근에서 실시되던 심리전 방송을 중단하거나 육로방문을 위한 군사분계선 관리를 비롯하여 서해에서의 군사적 충돌을 막기 위한 서해평화지대 설정 등은 대표적 사례이다. 또한, 핵문제가 북한의 거부로 남북대화의 의제가 되지 못하는 현실에서 핵문제를 둘러싼 북미갈등을 완화 내지 해소할 수 있도록 북미 양측의 의사를 전달하거나 중재하는 창구로서 남북대화가 활용되기도 했다. 북한의 입장에서 평화번영정책은 통일요구에 대한 압력이 낮다는 것뿐만 아니라 핵개발에 대한 국제제재가 초래한 경제난을 완화하는 데 도움을 줄 수 있었기 때문에 호응하지 않을 수 없었다.

그러나 2006년 10월 북한이 1차 핵실험을 감행함에 따라 한반도 안보위기가 고조되면서 미국과 국제사회의 더욱 강화된 대북압박은 노무현정부의 한반도 평화체제정착 노력에 어려움을 가중시켰다. 이러한 상황에서 노무현 대통령은 남북관계를 안정적으로 관리할 필요성을 인식하고 2007년 10월 제2차 남북정상회담을 추진했다. 제2차 정상회담의 결과인 「남북관계의 발전과 평화번영을 위한 선언」(통칭 「10·4 공동선언」)에서 남북관계의 안정적 관리, 한반도 평화체제 구축을 위한 군사적 긴장 완화, 남북경제협력을 통한 공동번영 등 한반도 평화·번영이 재차 강조되었다. 그러나 이 약속은 지켜질 수 없었다. 2007년 말 대통령 선거에서 보수진영의 이명박정부가 탄생했기 때문이다.

항상 그러했듯이 보수진영은 북핵문제를 해결하기 위해 국제공조를 통한 대북제재가 우선되어야 하며, 남북관계 개선은 북한의 핵포기를 전제로 가능하다는 입장을 견지해왔다. 대선 캠페인 과정에서 이명박 후보는 '비핵/개방/3000'이라는 공약을 내걸었다. 즉 북한이 핵개발을 포기하고 개방을 선택하면 북한의 1인당 GDP가 3,000달러가 될 수 있도록 경제적 지원을 하겠다는 것이다. 이 제안을 체제전환 요구로 받아들인 북한의 반발로 이명박정부 임기 내내 남북 당국 사이의 의미 있는 대화는 거의 이루어지지 못했다. 다만 남한의 어떠한 정부도 안보적 위기가 발생하는 것은 원하지는 않기 때문에 이명박정부에서도 한반도의 안정을 해치는 급격한 남북관계 단절은 어려웠다. 대북제재를 선호하는 시각에서는 이전 진보정부가 구축해놓은 금강산관광사업과 개성공단사업, 그리고 남북경협이 못마땅한 것이긴 했으나, 당장 중단할 명분은 없었다. 그렇지만 남북 교류·협력 사업들은 새로운 동력을 찾지 못한 채유지되는 수준에 머물렀다. 이러한 상황에서 2008년 7월 금강산관광객이었던 박왕자 씨가 출입금지구역에 들어갔다가 북한 초병으로부터 총격을 받아 사망하는 사건이 발생했다. 이를 계기로 금강산관광사업이 중단되었고, 2010년 3월 천안함 폭침 사건에 대한 응징책으로 소위 '5·24조치,' 즉 남북교역 중단과 대북 신규 투자 금지, 대북 지원사업의 원칙적 보류, 국민의 방북 불허 등을 주요 내용으로 하는 이명박정부의 대북제재가 결정되었다. 개성공단사업은 비록 그 조치에서 제외되었으나, 이전 정부에서 개성공단을 확대하기로 했던 약속은 대화부재

속에서 이행될 기회를 갖지 못했을 뿐만 아니라 대북제재 분위기 속에서 현상유지에 급급했다. 특히 2009년 북한당국은 한미연합군사훈련을 빌미로 개성공단 통행을 몇 차례 제한하기도 했다. 어쨌든 5·24 조치는 북한으로 하여금 경제문제 해결을 위해 중국과 밀착하게 만드는 계기를 제공했다.

남북관계가 냉각된 상태에서 2008년 가을 김정일 위원장의 뇌졸중 및 건강 이상 소식을 접한 이후 이명박정부는 김정일의 사망과 이후 북한의 체제붕괴 가능성에 주목하기 시작했다. 이를 계기로 김영삼정부 시기에 떠올랐다가 햇볕정책과 더불어 수면 아래로 가라앉았던 북한의 급변사태에 대한 기대가 다시 고개를 들면서 통일준비에 대한 논의가 재개되었다. 햇볕정책이 강조하는 분단의 평화적 관리와 대비되는 그러한 기대나 논의는 당연히 북한의 반발을 초래했고, 이후 남북 당국 간 공식 대화는 거의 사라지다시피 했다. 실제로 이명박정부의 기대와 달리 2011년 12월 김정일이 사망했음에도 불구하고 김정은에게로의 권력승계는 조용하게 이루어졌다.

이명박정부에서 침체되었던 남북관계는 박근혜정부로 넘어가면서 변화의 기회를 찾는 듯 보였다. 대선 캠페인 시기부터 박근혜 후보는 '한반도신뢰프로세스'를 공약으로 내걸었기 때문이다. '한반도신뢰프로세스'에서는 진보 및 보수진영의 대북정책들에서 장점만을 수용한 통합적이고 균형있는 접근을 하겠다는 의지가 표명되었다. 즉 진보진영이 강조하는 포용과 보수진영이 강조하는 비핵우선 원칙 사이에서 균형을 유지할 뿐만 아니라 방법론적으로도 대북강경과 유화, 즉 대북압박과 협상 사이의 균형을 찾겠다는 것이다. 그러나 박근혜정부는 한반도신뢰프로세스를 통해 밝힌 애초 목표를 실천에 옮기지 못했다.

박근혜정부 출범 일주일 전인 2013년 2월 12일 북한은 3차 핵실험을 감행했으며, 출범 직후인 4월 초에는 한미연합군사훈련에 대한 반발조치로 개성공단 인력을 철수시킴으로써 130여 일간 개성공단의 가동이 중단되기도 했다. 박근혜정부의 입장에서는 미국 및 국제사회의 대북제재 동참압박을 무릅쓰고 남북관계의 안정을 위해 북한에게 현금공급원 역할을 하는 개성공단을 유지하는 데도 불구하고 북한이 도발적인 태도를 보이는 것을 계속 참는 것이 사실 쉽지는 않았다. 이에 반해 김정은은 핵·경제발전 병진노선을 내세워 빠른 시간내 핵개발을 완료하여 미국과의 협상 모멘텀을 확보하고, 이를 토대로 경제발전에 매진하려는 자신의 계획을 실현하고자 했다. 김정은이 김정일 시대와 비교하여 짧은 기간 동안 더 많은 핵실험을 집중적으로 실시했으며, 박근혜정부에게는 이전의 진보정부처럼 핵문제는 논외로 하고 남북 교류·협력을 재활성화할 것을 직·간접적으로 촉구했던 것에서 바로 그러한 의도를 읽을 수 있다. 그러나 박근혜정부는 2014년 새해 벽두부터 뜬금없이 '통일대박'을 외치며 '통일준비위원회'를 구성·가동하면서 보수진영의 상징인 통일준비로의 방향 전환을 예고했다. 이러한 상황에서도 김정은은 경제적 이유뿐만 아니라 북미대화 재개의 발판으로서 남북관계의 재활성화가 긴요하다고 판단하고 박근혜정부의 의중을 파악하고자 했다. 즉 2014년 가을 아시안게임에 북한선수와 응원단을 파견했을 뿐만 아니라 폐막일에 맞춰 최고위급 3인방을 인천에 파견하여 남북당국 간 회담을 개최했다. 그러나 결과적으로 어떠한 결실도 맺지 못했다. 뿐만 아니라 2015년 8월 남한 측 비무장지대에서 북한 목함지뢰가 폭발한 사건을 계기로 남북 고위급회담이 개최되어 관계개선, 이산가족상봉, 그리고 민간교류 활성화를 주 골자로 하는 소위 '8·25 합의'가 이루어졌지만, 이행되지 못했다.

박근혜정부는 한반도신뢰프로세스를 내걸었지만 결국 남북 사이에는 불신만 증폭되는 상황에서 북한은 항상 그러했듯이 남북관계와 별개로 2016년 1월 4차 핵실험과 2월 초 장거리 미사일 시험발사를 감행했다. 이에 대해 박근혜정부는 개성공단의 즉각적인 전면 중단을 선언했고, 2014년부터 미국이 이전부터 요청해왔던 사드의 한반도 배치를 수용하였다. 박근혜정부는 개성공단 전면 중단 조치의 이유로 개성공단에서 북한 노동자에게 지급된 임금이 북한의 핵·미사일 자금으로 유입되고 있기 때문이라고 주장했으나, 구체적인 증거자료는 제시하지 못했다. 개성공단 폐쇄는 공단을 남북관계의 미래를 위한 기반으로 인식했던 남북 주민들에게는 엄청난 충격으로 다가왔으며, 북한당국도 박근혜정부와 대화를 북미대화 재개의 발판으로 삼는 전략을 포기했다. 이후 북한은 2016

년 9월에 5차 핵실험을 통해 핵탄두의 소량화에 성공했음을 과시함으로써 오바마 행정부의 전략적 인내를 끝내도록 재차 압박했으나, 임기를 얼마 남기지 않은 오바마 대통령은 미동도 하지 않았다.

2016년 말과 2017년 초 박근혜 대통령의 탄핵 사태를 겪고 문재인정부가 출범했으며, 미국의 대선에서도 공화당의 트럼프 행정부가 탄생하는 정치적 변화가 있었다. 문재인정부는 '평화와 번영의 한반도'를 내세우며 평화번영정책을 계승했으나, 트럼프 미 행정부가 오바마 대통령의 '전략적 인내'를 폐기하고 힘의 우위에 입각한 현실주의적 대북정책을 표방함으로써 대북정책을 둘러싸고 한국정부와 미국정부 사이에 마찰 가능성이 다시금 대두했다. 북한당국은 새로운 진보정부의 관계개선 제의를 묵살한 채 2017년 9월 6차 핵실험을 통해 수소탄 제조능력을 과시하며 미국을 자극했다. 특히 북한당국은 트럼프 대통령의 경고에 대해 과격한 말싸움식의 대응을 하는 가운데 북미사이에는 전쟁이 일어날지 모른다는 우려가 확산되기도 했다. 실제로 미국은 '화염과 분노,' '코피(bloody nose) 작전' 등의 표현을 사용하며 제한적 전쟁을 치를 의지를 보이기도 했다. 북미 간 갈등은 11월 말 북한이 1만 3,000km의 비거리를 갖는 장거리미사일 화성-15의 성공적 실험발사에 이르러 최고조에 달했다.

이러한 위기 상황에서 문재인정부는 북미갈등을 완화시키기 위해 북한과 미국 사이에서 외교적 가교 역할을 자처했다.

문재인정부는 소위 '운전자' 역할을 통해 북미대화를 재개하고 한반도에 새로운 평화 분위기를 조성하겠다는 의지 표명과 함께 2018년 2월 '평창동계올림픽'을 적극 활용했다. 북한 당국도 안보는 물론이고 경제문제 해결과 직결된 국제제재를 풀기 위해서 미국과 협상이 절대적으로 필요한 이상 그 기회를 놓칠 수는 없었다. 북미대화가 순조롭게 재개되기 위해 남북관계의 개선은 전제조건일 수밖에 없기 때문에 2018년 4월 세 번째의 남북정상회담이 판문점에서 성사되었고, 「판문점선언」이 채택되었다. 판문점선언의 주요 내용은 역대 남북 사이에 약속했으나 제대로 이행되지 못했던 공동과제를 반복한 것이다. 남북관계가 지속적이고 누적적으로 발전하지 않고 부침을 계속한다면, 앞으로도 남북합의문에는 유사한 내용이 반복될 것은 자명하다. 다만 판문점선언에서 새롭게 약속된 두 가지가 있었다. 즉 개성지역에 남북공동연락사무소 설치와 정상회담의 정례화에 대한 합의이다. 실제로 두 약속은 일단 이행되었다. 정상회담 정례화와 관련하여 5월 27일 김정은의 요청에 따라 판문점의 북측지역에 있는 통일각에서 짧은 정상대화가 있었고, 9월에는 문재인 대통령의 평양방문 및 정상회담이 개최되었다.

평창동계올림픽을 계기로 다시 시작된 한반도의 평화분위기는 2차 하노이 북미정상회담이 개최되었던 2019년 2월 말까지 유효했다. 2018년 한 해 동안 판문점선언과 2차 남북정상회담의 결과에 따라 군사대화가 재개되고 비무장지대 GP

철수 등이 논의되는 등 부분적으로 남북협력이 뒤따랐지만, 미국과 유엔의 대북제재가 지속되는 상황에서 이전의 남북 교류·협력사업이 재개되기는 어려웠으며, 개성공단의 재가동은 생각조차 할 수 없었다. 더욱이 하노이 정상회담에서 협상이 결렬되면서 남북관계는 직격탄을 맞았다. 2018년 6월 1차 싱가포르 북미정상회담에서는 완전한 비핵화, 평화체제 보장, 북미관계 정상화 추진, 6·25전쟁 전사자 유해송환의 4개 항에 대한 합의가 있었고, 북미 사이에서 남한정부가 적극적인 교량 역할을 한 덕분에 2차 하노이 정상회담에서는 커다란 결실이 있을 것으로 예상했다. 그러나 기대와 달리 2차 회담에서 트럼프 대통령은 "대북제재 해제의 전제조건으로서 북핵포기"라는 원칙적 입장으로 회귀함으로써 점진적이고 동시 병행적 문제해결을 요구했던 북한 입장과 타협 하길 거부했다.

하노이 정상회담 이후 북한은 미국의 협상전략에 대한 오판의 한 원인을 남한정부의 장밋빛 정보제공과 대미 설득 부족으로 돌리는 듯한 모습을 보였다. 게다가 국제제재 국면에서 문재인정부가 남북경협을 재개할 수 없다는 사실을 확인하고 남북대화를 중단함에 따라 남북관계는 다시 침체되었다. 남북관계의 침체 속에서 코로나19 팬데믹이 시작하자 북한당국은 철저한 국경봉쇄에 돌입했고, 그나마 중국과의 무역도 단절됨에 따라 경제난은 불가피한 일이 되었다. 경제적 어려움이 가중되는 가운데 북한당국은 남북관계의 침체 원인을 남한정부로 돌렸다. 특히 한미연합군사훈련과 미군 전략무기의 한반도 전개를 공개적으로 비난하는 것을 비롯하여 남한당국이 탈북자들의 대북 전단지 살포를 통제하지 못 하는 일을 지적하며 2020년 6월 개성공단 내 남북공동연락사무소 건물을 폭파하는 예상하지 못했던 만행을 저질렀다. 미국에 대해서는 트럼프 행정부로부터 기대할 것이 더 이상 없는 상황에서 핵·장거리미사일 실험은 자제하며 미국 대선의 결과를 관망하는 태도를 보였다.

2021년 초 바이든 행정부가 출범하고 전반적인 대북정책 검토가 이루어지는 동안 북한은 외부적으로는 계속해서 관망적 태도를 보였다. 다만 2020년 말부터 2021년 초까지 개최되었던 제8차 당대회를 통해 대미 및 대남정책의 변화 가능성을 열어놓았다. 즉 핵·경제병진 노선에 대한 언급이 사라졌고, 전쟁과 대화를 동시에 준비할 것을 강조했으며, 민족의 공동번영을 당 규약에 명시함으로써 남북관계 개선의 의지를 간접적으로 보였다. 실제로도 5월 워싱턴에서 한미정상회담이 열리는 것을 계기로 바이든 행정부에 대한 남한정부의 설득 노력에 어느 정도 기대를 하는 듯 보였다. 한미정상회담 전후로 남북정상 간 비밀친서 교환이 있었다는 것에서 그러한 추론이 가능하다. 그렇지만 북한당국은 미국의 대화 요구에 대해서는 여전히 소극적인 자세를 취했다. 바이든 행정부의 대북정책 방향이 북한이 원하는 것과 거리가 있기 때문이다. 그렇지만 코로나19 팬데믹 봉쇄로 인해 경제난을 물론이고 식량난과 보건문제가 심각해지면서 숨통을 트는 것이 필요하다. 중국으로부터의 지원 또는 북중무역이 손쉬운 것이 긴 하지만, 북한당국은 미중경쟁을 자주적 체제생존의 기회로 활용하고자 하기 때문에 일방적인 의존은 결코 원치 않는다. 실제로 북한에 대한 중국의 백신제공 의사를 수용하지 않는 배경에는 단지 백신효능의 문제나 내부적 의료 인프라의 문제를 넘어 그러한 전략적 의도가 내재해 있다. 어쨌든 북한은 남한에 분단의 평화적 관리에 초점을 맞추는 정치세력이 집권하고 있는 동안에는 대화나 경제 및 식량문제 해결을 위한 도움이 언제라도 가능하고, 나아가 미국과의 대화를 위한 디딤돌로서 남북관계를 활용할 수 있다고 판단하고 있는 듯하다.

이상과 같이 햇볕정책 이후 남북 당국 간 대화를 되돌아보면, 몇 가지 패턴 내지 특징들을 발견할 수 있다. 첫째, 남한의 보수정당 집권시기와 비교하여 진보정당 집권시기에 남북 당국 간 대화가 압도적으로 많았으며, 대화의 의제도 다양했다 (표 5.1 참조). 둘째, 남북대화에 임하는 북한당국의 기본 태도에는 큰 변화가 없었으며, 대화의 지속과 단절은 주로 남한정부의 성격에 좌우되었다. 즉 남북대화의 활성화 여부는 북핵문제와 남북 교류·협력사업의 연계에 관한 남한정부의 태도와 연관성을 갖는다. 북핵문제의 해결을 전제로 남북 교류·협력을 추진하겠다는 남한의 보수정부는 남북 당국 간 대화를 지속하거나 성과를 거두지 못했던 데 반해, 양자를 분리했던 진보정부는 대화의 양적·질적 증대를 이끌었다. 셋째,

표 5.1 남북회담 개최현황 (1971~2020년)

의제분야 \ 연도	1971~ 1992	1993	1994	1995	1996
정치(정상 및 장·차관급회담)	156	4	10	–	–
군사(장성급 및 군사실무회담)	–	–	–	–	–
경제	5	–	–	–	–
인도	111	–	–	3	–
사회문화	34	–	–	–	–
합계	306	4	10	3	0

의제분야 \ 연도	2006	2007	2008	2009	2010	2011
정치(정상 및 장·차관급회담)	5	13	–	–	–	–
군사(장성급 및 군사실무회담)	4	11	2	–	1	–
경제	8	22	3	4	3	–
인도	3	3	–	2	4	–
사회문화	3	6	1	–	–	–
합계	23	55	6	6	8	1

출처: 통일부, 『통일백서 2021』 (서울: 통일부, 2021).

(단위: 회)

1997	1998	1999	2000	2001	2002	2003	2004	2005
–	2	5	18	2	4	5	2	10
–	–	–	4	2	9	6	5	3
–	–	–	3	3	14	17	13	11
4	1	–	2	1	3	7	2	4
–	–	–	–	–	2	1	1	6
4	3	5	27	8	32	36	23	34

2012	2013	2014	2015	2016~2017	2018	2019~2020	합계
–	1	2	3	–	19	–	261
–	–	1	–	–	4	–	53
–	22	3	1	–	4	–	136
–	1	1	1	–	2	–	155
–	–	1	–	–	7	–	62
0	24	8	5	0	36	0	667

남한의 정권교체에 따라 남북대화가 부침하면서 남북 간 합의가 실천되지 못함에 따라 유사한 합의들이 반복되는 등 대화의 추진과정에서 비효율성이 두드러지며, 더불어 남북합의에 대한 신뢰성도 낮아지는 경향이 있다. 넷째, 남북대화가 활성화된 시기 동안 북한은 남북관계 개선을 통해 두 가지 전략적 이익을 추구하는 경향을 보였다. 하나는 남한으로부터의 경제적 이익이며 다른 하나는 남북대화를 북미대화의 디딤돌로 삼는 것이었다. 만약 이러한 전략적 이익을 얻지 못하는 상황이 되면 북한은 남북관계를 침체시키곤 했다. 다섯째, 남북대화 및 교류·협력을 증대하는 것이 분단의 평화적 관리라는 목표의 수단적 성격을 갖는다는 점을 염두에 두면, 지금까지의 남북대화와 교류·협력이 북핵문제 해결을 위한 북미협상에 어느 정도 영향을 미쳤는지에 관한 질문이 제기될 수 있다. 이는 북핵문제 해결의 돌파구를 찾지 못하는 동안에 남북대화만으로 분단의 평화적 관리가 제약을 받을 수밖에 없는 현실에서 대안을 모색하기 위해 요구되는 질문이다.

2. 남북 교류·협력 사업들

남북 교류·협력은 한반도 분단이 배태한 여러 문제들을 해결하는 데 매우 중요한 역할을 할 수 있다. 냉전적 대결을 극복하고 상호이해 증진과 공감대의 형성을 위해서는 다양한 삶의 분야에서 교류하고 협력하는 일이 중요하다는 것을 누구도 부인할 수 없다. 그러할 때 한반도에서 평화가 정착될 수 있으며, 궁극적으로 평화통일이 가능하기 때문이다. 이러한 의미에서 남북 당국은 1971년 남북적십자회담을 계기로 교류·협력 사업의 필요성을 강조하기 시작했다. 물론 냉전시대 남북한 사이의 실질적 교류·협력은 매우 제한적으로 이루어졌다. 냉전시대에 눈에 띄는 남북 교류·협력 사업으로는 1984년 여름 남한이 수해를 입자 북한이 구호물자를 보내온 것을 계기로 성사된 이산가족 고향방문 및 예술단 교환방문을 들 수 있다. 이로써 남북 교류의 물꼬가 열린 듯했으나 일회성에 그쳤다. 본격적인 남북 교류·협력은 냉전종식에 따른 남북 당국의 정책변화와 더불어 시작되었다. 특히 노태우정부는 1988년 '7·7선언'으로 대북관련 개방조치를 취했고, 나아가 1989년 「남북교류협력에 관한 기본지침」을 제정하고 그다음 해에 법률화함으로써 교류·협력 사업 추진의 발판을 마련했다. 이에 따라 민간 차원에서 제한적이나마 소규모의 남북접촉 및 교역이 가능하게 되었다.

남북 교류·협력사업은 햇볕정책을 계기로 양적으로나 질적으로 한층 도약할 수 있게 되었다. 경제분야와 비교하여 특히 사회·문화분야의 교류·협력은 정치적 영향력을 강하게 받는 탓에 정치적 관계 개선에 따른 제도적 기반이 필요했다. 이 맥락에서 2000년 1차 남북정상회담은 중요한 의미를 갖는다. 당시 부시 행정부가 대북 강경정책을 추진하고, 제네바합의 사항에 제동을 걸면서 다시 대두된 북한 핵문제로 인하여 한반도 정세가 긴장국면으로 전환될 개연성이 매우 높았음에도 불구하고 남북 교류·협력의 증대를 통해 한반도 내부의 긴장은 완화될 수 있었다. 더욱이 금강산관광사업과 개성공단사업이 추진되면서 남북한사이의 인적 교류가 큰 폭으로 증가할 수 있었다. 금강산관광사업의 경우, 사업이 시행되었던 1998년부터 2008년까지 약 193만 명의 관광객이 북한지역을 방문했다. 금강산관광객을 제외한 인적 교류 규모를 보여주는 표 5.2에서 알 수 있듯이 남한주민의 방북이 대부분이었지만, 인적 교류는 남북 주민들 사이의 소통과 상호이해의 기회를 확대한다는 점에서 적지 않은 의미를 가졌다.

남북 교류·협력의 필요성은 남북한이 모두 공감하고 있으나 그 이유는 서로 다르며, 실천과정에서 갈등을 노정하기도 한다. 북한은 당의 노선에 맞춰 교류·협력에 전략적으로 접근하는 모습을 일관되게 보이는 반면, 남한에는 분단과 통일에 대한 시각이 다양한 만큼 교류·협력에 대한 견해들도 다르며, 이에 따르는 내부 갈등도 적지 않다. 특히 남북 교류·협력에 따르는 이익 교환의 적정성을 둘러싸고 논란이 많다. 북한당국은 '유무상통(有無相通)'이란 표현을 내세워 남한이 가진 것과 북한이 가진 것을 서로 가려서 교류하겠다고 말한다. 교류·협력 사업에서 북한이 주로 물질적 이익을 취하는 대신 이산가족이나 사회문화분야 교류 사업에 동의하는 모습을 보였다는 점을 감안하면, 북한당국은 남한으로부터 얻는 물질적 이익에 상응하는 적절한 대가를 지불하고 있다고 생

표 5.2 연도별 남북한 인적 교류 현황 (1989~2020년)

(단위: 명)

연도 구분	1989~2001	2002	2003	2004	2005	2006	2007	2008	2009	2010
남→북	27,152	12,825	15,280	26,213	87,028	100,838	158,170	186,443	120,616	130,119
북→남	1,534	1,052	1,023	321	1,313	870	1,044	332	246	132
계	28,686	13,877	16,303	26,534	88,341	101,708	159,214	186,775	120,862	130,251

연도 구분	2011	2012	2013	2014	2015	2016	2017	2018	2019	2020	계
남→북	116,047	120,360	76,503	129,028	132,097	14,787	52	6,689	9,835	613	1,470,695
북→남	14	0	40	366	4	0	63	809	0	0	9,163
계	116,061	120,360	76,543	129,394	132,101	14,787	115	7,498	9,835	613	1,479,858

※ 금강산관광 인원은 제외 / 개성공단 관련 방문 인원은 포함

출처: 통일부, 『통일백서 2021』 (서울: 통일부, 2021).

각한다. 그러나 남한 내에서는 쌀이나 비료 등을 비롯한 물질적 지원을 대가로 이산가족상봉이나 다양한 사회문화교류 사업을 성사시키는 것이 과연 합당한 가치의 교환으로 볼 수 있는지를 둘러싸고 논쟁이 치열하다. 이른바 '상호주의' 논쟁이다. 문제는 상이한 가치 사이의 교환에서 적정성을 따지는 것이 쉽지 않다는 점이다. 더구나 시장에서 즉각적 교환을 이루는 방식이 아니라 미래에 대한 투자를 염두에 둔 교환의 경우에 적정한 교환가치를 산출하는 일은 거의 불가능에 가깝다. 어쨌든 남북 교류·협력을 추진하는 일 자체의 어려움뿐만 아니라 그 사업들에 대한 평가도 엇갈리는 점을 염두에 두고 교류·협력 사업의 추진과정과 문제점을 사회문화분야, 경제 분야, 인도적 분야로 대별하여 정리하면 다음과 같다.

1) 사회문화분야

사회문화분야의 남북 교류·협력은 민족 동질성 회복, 북한사회의 변화 촉진, 평화통일의 기반 구축, 통일 이후 통합의 어려움 최소화 등을 위해서 매우 긴요한 일이다. 남한사회에서 남북 사회문화교류·협력의 중요성이 부각되기 시작한 것은 1980년대 말부터이다. 그 배경에는 몇 가지 요인이 작용했다. 일차적으로 남한의 민주화 과정에서 '북한바로알기'의 필요성이 대두했기 때문이다. 그동안 이데올로기 대결 탓에 남북 주민들은 상대를 있는 그대로 알지 못했기 때문에 사회문화교류를 통해 북한을 바로 알고자 하는 욕구가 팽배했으며, 여기에는 당시 문화코드로 세상을 이해하려는 포스트모더니즘의 유행도 알게 모르게 영향을 끼쳤다. 또한, 독일통일을 간접적으로 경험하면서 사회문화적 이해가 충분하지 않을 경우, 통일 후유증이 심각할 수 있다는 점을 알게 되었다. 이와 더불어 사회문화교류는 북한의 정치·사회적 근대화를 촉구하기 위한 실천적 방법의 하나로 간주되기도 했다. 실제로도 1990년대 초반 대북식량지원에 대한 반대급부로 이산가족상봉이나 사회문화교류는 가능하게 되었던 반면, 이외에 다른 분야의 교류협력을 추진하기는 여전히 어려웠다.

남북 사회문화교류·협력은 햇볕정책 덕분에 본격적으로 활성화되었고 평화번영정책을 통해 양적·질적으로 가장 활발하게 추진되었다. 그러나 2008년 이명박정부 출범 이후 현저하게 감소하였다. 박근혜정부 시기 2014년 인천아시안게임에 북한선수단이 참여하면서 반짝 교류가 있었으나, 일회성에 그쳤다. 대체로 2008년 이후 2018년 평창동계올림픽에 다시 북한선수단이 참가하기까지 사회문화교류·협력은 몇 차례 체육분야와 종교분야를 제외하고는 단절되다시피 했다. 북한당국은 사회문화교류·협력을 통해 북한사회의 변화를 촉진시키려는 남한의 의도를 이미 읽고 있기 때문에 항상 조심스럽게 교류를 통제해왔다. 이러한 위험을 감수하며 북한당국이 사회문화교류·협력을 수용하는 것은 그만큼 남한으로부터 보상이 있었기에 가능한 것이었다. 충분한 보상이 없다면, 북한으로서는 그러한 위험을 인내할 이유가 전혀 없음은 자명하다. 2008년부터 사회문화교류·협력이 급감한 가장 근본적 이유는 북한의 기준에서 충분한 보상이 보장되지 않았기 때문이라고 해도 과언이 아니다. 2018년 이후에는 사회문화교류·협력이 다시 열릴 수 있었으나, 코로나19 팬데믹을 철저하게 봉쇄한다는 이유로 북한당국은 추진하던 모든 사업을 스스로 중단했다. 여기에는 열악한 북한 보건 인프라가 주요 요인으로 작용하고 있는 것으로 판단된다.

어쨌든 냉전종식 이후 지금까지 매우 다양한 사업주체, 종류, 방식으로 수많은 사회문화교류·협력 사업들이 시도되었고, 그중에는 성사된 것보다 그렇지 못한 것이 더 많다. 남한 측의 사업주체로는 공공기관, 지방자치단체, 종교단체, 학술단체, 체육단체, 문화예술단체, 언론 및 방송사, 그리고 다양한 민간단체연합회 등이 있는 반면, 북한의 파트너는 당이나 국가의 하부조직 내지 외곽조직 단체들이다. 대체로 사업주체의 성격에 따라 특정한 분야(학술, 체육, 종교, 문화예술 등)의 교류·협력이 이루어지지만, 지방자치단체의 사업은 여러 종류의 사업들이 결합되어 추진되는 경향이 있다. 즉 인도적 지원과 체육 또는 예술교류가 동시에 이루어지기도 한다. 이렇듯 지자체의 대북사업은 너무 다양하고, 정확한 분류조차 쉽지 않기에 공식적인 통계를 작성하기도 어렵다. 이러한 점을 고려하여 몇 가지 대표적인 분야를 중심으로 남북한 사이에 어떠한 사업들이 있었는지 살펴보면 다음과 같다.

1990년 중반까지 사회문화분야에서 가장 쉽게 추진될 수 있었던 사업은 남북 학술교류였다. 초기에는 대부분 중국 등 제3국에서의 접촉이 주를 이루어졌다. 이러한 사업은 소수의 인원들이 교류하는 특성 탓에 북한이 선호했으며, 주로 중국의 연변대, 요녕대, 길림대, 북경대 등에 소속된 연구소와 오사카 경제법과대, 국제고려학회 등이 남북 접촉의 중개자 역할을 해왔다. 햇볕정책 추진 이후 학술교류는 점차 정례화되었고, 남북한의 직접 접촉 방식이 증대하는 추세를 보였다. 뿐만 아니라 교류 주제도 다양화되어 역사, 한국학, 경제, 통일안보, 과학기술, 언어, 대학 간 학술교류, 여성학 등으로 확산되었다. 특기할 것은 21세기에 접어들어 민족 동질성 회복 사업이 다수 추진되었다는 사실이다. 이와 관련, 일제강점기 공동연구, 개성 만월대·고구려 고분 남북공동 발굴조사, 겨레말큰사전 남북공동편찬사업 등 역사와 민족 언어를 통한 민족 동질성 회복 노력이 지속되었다. 뿐만 아니라 교육에서도 성과가 있었다. 남한 사단법인「동북아교육문화협력재단」과 북한 교육성이 공동으로 평양과학기술대를 설립하여 2010년부터 지금껏 학부와 대학원 교육이 지속적으로 이루어지고 있다.

사회문화교류·협력사업 중에서 양적으로 가장 많이 이루어진 것은 종교교류이다. 남한의 종교계가 중·장기적으로는 대북 포교, 그리고 단기적으로는 대북 인도적 지원에 높은 관심을 가지고 있는 한편, 북한당국에게 종교교류는 물질적 지원

이외에도 대외 이미지 개선효과가 있었기에 가능한 것이다. 북한도 순수 종교교류보다는 경제적 실익이 동반되는 종교계의 방문을 선호하고 있다. 대표적인 사례로서 조계종은 금강산 신계사 복원사업을, 천태종은 개성 영통사 복원사업 추진했으며, 기독교 예장총회는 평양에 온실과 예배처소를 건축했고, 대한감리회가 평양신학원 운영을 지원했으며, 천주교도 평화통일 공동미사를 개최했고, 한국정교회는 북한 측 조선정교회와 러시아의 지원으로 평양에 '정백사원'을 건축했다. 5·24조치로 종교교류도 한동안 중단되었으나, 2011년부터 순수 종교교류에 한해 방북이 허용되었다. 2015년 8·25 합의를 계기로 종교단체 대표들의 방북이 일시적으로 허용되기도 했지만, 2016년 4차 핵실험 이후 종교교류마저 중단되었다.

문화·예술교류는 1990년대 교류·협력이 시작된 이후에도 한동안 북한이 기피해왔으며, 특히 공연예술의 경우에는 상당한 준비와 비용이 소요되는 특성 탓에 1990년대 중반까지 활성화되지 못했다. 1998년 리틀엔젤스 평양공연을 계기로 민간차원에서 남북왕래 형태의 문화·예술교류가 촉진될 수 있었다. 1999년 평양친선음악회 방북공연, 민족통일음악회 방북공연, 2000년도 평양학생소년예술단, 평양교예단, 남북교향악단 합동연주회 등이 남한에서 연이어 공연되었으며, 2001년에는 춘향전 남북합동공연, 민족옷전시회, 남북공동사진전, 남북공동애니메이션 제작 등 남북한의 공동 작업 형태로 교류가 활발히 진행되었다. 2002년도에는 서울에서 북한 예술단의 공연이 있었고, KBS가 주관하여 북한에서 연주된 남북교향악단합동공연, 이미자·윤도현 평양특별공연 등이 남한에도 생중계되기도 하였다. 2003년에는 평양에서 KBS의 노래자랑대회가 녹화되기도 하였다. 2004년에는 MBC 취재진의 평양방문을 통해 '살아 있는 고구려'를 제작하여 남한에서 방영했으며, 2005년에는 SBS가 조용필 평양공연을 주관했고, 2007년에는 KBS와 조선중앙TV가 공동 제작한 '사육신'을 남한에서 방영했다. 2008년 2월에는 뉴욕 필하모닉의 평양공연시 MBC가 공연 중계 장비를 지원했다. 한참동안 침체했던 예술공연은 2018년 평화 분위기 속에서 공연단의 상호 방문으로 제기되기도 했으나, 지속성을 갖지 못했다.

언론·출판분야의 교류는 1997년부터 시작되었으며, 2000년 남북정상회담을 전후하여 더욱 활발해졌다. 남북언론 교류차원에서 남북신문교환이 합의되고 일시적이나마 진행되었던 것은 언론교류에 있어서 의미 있는 진전이라 할 수 있다. 출판분야에서는 삼성당과 현암사, 규장각, 고려사, 동방미디어 등이 북한출판물을 국내에 출간하기 위한 협의를 위한 접촉이 있었고, 국내 출간도 일부 이루어졌다. 그리고 다양한 방북 취재와 현지 촬영 및 방송물 제작과 방송이 진행되기도 하였다. 1997년도까지는 북한당국은 남한 언론의 방북 및 취재 신청들을 모두 거부했지만, 이후 동행취재 형식의 북한 취재가 허용되었다. 특히 남북정상회담 개최를 계기로 북한은 남한 언론사주들을 초청하여 김정일 위원장과 면담하는 기회를 제공하기도 하였다. 방송과 관련하여 남한의 방송위원회는 2004년 아테네올림픽, 2005년 동아시아축구대회, 2006년 독일월드컵경기를 북한에 송출 지원했다. 북한 정권은 자신들의 이미지 개선에 남한 측 언론을 부분적으로 활용하려는 의도를 가지고 있는 듯하다. 그러나 언론·출판 교류 역시 2008년 이후 대폭 감소했다.

체육교류는 북한이 과거부터 선호해온 분야이다. '남북통일축구대회,' '세계탁구선수권대회' 및 '세계청소년축구선수권대회' 단일팀구성 등과 같이 1990년대 초 비교적 활발한 교류·협력이 이루어졌다. 이러한 교류·협력은 남북한 당국의 정책적 지원에 따른 것으로서 순수 민간체육교류라고 보기는 어려웠다. 1991년 8월 북한 유도선수의 망명을 계기로 북한은 체육교류에 소극적이고 비타협적 자세를 견지해왔다. 그러나 1999년 현대가 평양에 실내체육관을 건설하기로 합의하고, 현대농구단의 방북 및 북한선수단의 서울 경기가 실현되면서 남북한 체육교류의 재활성화 계기가 마련되었다. 특히 남북정상회담 이후에는 방남 행사가 성사되면서 방북행사 일변도에서 벗어나 쌍방향 교류의 기반을 다졌다. 2000년 시드니올림픽에서는 한반도기를 앞세우고 남북한 선수단이 동시 입장하는 모습을 보이기 시작하면서 아테네올림픽, 장춘 동계아시안게임 등 국제체육대회에서 남북의 공동입장은 총 9차례나 계속되었다. 2002년에는 남북통일축구경기대회, 태권도시범단 교환공연, 부산아시아경기대회 등 체육행사와 민간급 '8·15남북공동행사'에 북한선수단이 남한으로 내려왔고, 이는 2003년 대구유니버시아드대회 참가로 이어졌다. 2007년 이후에도 남북체육팀들은 국제대회 등을 기회로 삼아 상호 방문이 이어졌다. 그리고 2018년 평창동계올림픽을 계기로 남북 체육교류는 더욱 활성화될 수 있었다.

이상의 남북 사회문화교류·협력 추진과정에는 몇 가지 특징이 드러난다. 무엇보다 사회문화교류는 비정치적인 사업임에도 불구하고 정치적 환경으로부터 자유로울 수 없다는 점이다. 이는 비단 북한 정권의 성격에만 기인하는 것은 아니며, 남한정부의 통제의지도 작용한 결과이다. 또한, 사회문화교류에서도 남한 참가자의 숫자가 월등히 많은 경향을 보인다. 이외에도 2000년 이후 남북공동행사가 늘어나면서 정기적으로 개최되는 경향을 보였다. 특히 남북관계가 좋은 시기에는 3·1절, 8·15 광복절, 6·15 기념 공동행사는 반드시 지켜지는 경향을 보였다.

이러한 특징을 포함하여 기존의 경험들에서 향후 사회문화교류의 활성화는 물론이고 지속가능성을 확보하기 위해 고민해봐야 할 몇 가지 문제점들이 있다. 우선 1990년대 초반까지 사회문화교류가 체제경쟁 또는 홍보의 수단으로 취급된 경향이 없지 않았던 점을 주목할 필요가 있다. 특히 북한은 정치색이 강한 혁명가극 '피바다'를 무대에 올림으로써 체제 홍보적 태도를 보이기도 했다. 이에 비해 남한의 경우에는 사회문화교류를 과시적이거나 상업적 측면에서 접근하는 경향이 없지 않았다. 더욱이 초반기에 남한의 참가단체가 북한에 대한 이해부족으로 적지 않은 시행착오를 겪었으며, 유사한 사업을 두고 남한단체들 사이의 경쟁이 발생하기도 했다. 이는 소위 '입북료'의 상승을 부추기는 원인이 되었다. 일반적으로 남한주민 및 단체들의 방북 및 공연이나 북한의 예술단체가 남한에서 공연할 경우, 적지 않은 액수의 대가가 암암리에 지불되는 경우가 허다했다. 방북의 경우에는 높은 숙식비를 부담하거나 필요 경부를 부풀려 지불하고, 초청의 경우에는 교통 및 숙식비를 전부 부담할 뿐만 아니라 많은 사례비를 지불하는 경우가 대부분이었다. 이는 북한당국이 사회문화교류·협력을 경제적 측면에서 접근하기 때문에 발생하는 문제로서 피하기 어려웠다. 이외에도 사회문화교류에서 기대하는 효과와 반대로 오히려 사업을 통해 갈등이 표출되거나 남북 주민들 사이에 서로 다른 점이 두드러지는 경우도 없지 않았다. 2001년 8·15 공동행사에 참여한 남한 측 대표자들 사이에 북한의 민족통일 대축전 행사 참여 여부를 놓고 갈등을 벌였던 것이나, 북한이 남한에 단체응원단을 보낸 경우에 남한주민의 눈에 비춰지는 북한응원단의 행동이 오히려 이질성을 부각시키는 의도치 않은 결과도 있었다. 이러한 문제점들은 향후 남북사회문화교류·협력이 다시 활성화되면, 언제든지 재발될 가능성을 가지고 있다.

2) 경제분야

국가 간 경제교류·협력은 일반적으로 부를 증대시키는 데 이바지하는 것인 만큼 그 규모가 확대되면 평화적 관계를 형성하고 유지하는 데 긍정적인 역할을 하게 된다. 남북관계에서도 예외일 수 없다. 다만 남북관계는 일반적인 국가관계가 아니라는 점, 그리고 남북의 경제력 차이가 매우 크다는 점을 염두에 둘 필요가 있다.

남북 경제교류·협력은 여러 방식으로 이루어져 왔다. 먼저 남북교역으로서 물품의 직·간접적인 반출·입을 의미하는 '단순교역'과 원·부자재의 반출 후 북한의 노동력을 이용하여 가공한 뒤 남한으로 반입하는 형태의 '위탁가공교역'으로 대별된다. 무역 대신 교역을, 수출·입 대신 반출·입이라는 용어를 사용하는 이유는 남북관계를 국가 대 국가의 관계가 아닌 '특수한 관계'로 규정(「남북기본합의서」)했기 때문이다. 이외에도 대북 투자, 철도·도로 건설 등의 경제협력과 인도적 대북 지원도 경제교류·협력의 범주에 들어간다. 이 책에서는 인도적 지원은 그 성격을 감안하여 경제교류·협력과 분리시켜 따로 정리될 것이다. 경제교류·협력의 주체는 정부(중앙 및 지방정부)와 민간으로 구분되며, 경우에 따라 금강산이나 개성 공단과 같은 민관합동으로 교류·협력이 이루어지기도 한다.

표 5.3 남북 교역액수의 추이를 살펴보면서 몇 가지 특징을 찾을 수 있다. 첫째, 1999년 남북교역이 시작된 지 10년 만

에 3억 달러를 넘어서는 동시에 남한이 북한의 3대 교역국으로 부상했다는 점이다. 둘째, 경제교류·협력 역시 남북의 정치적 관계에 큰 영향을 받아왔다는 점을 발견할 수 있다. 즉 1991년 남북교역의 폭발적인 증가세 이후 부침하다가 2000년 정상회담을 계기로 급증한 이후 2005년 개성공단사업으로 재차 급증하고, 2016년 개성공단 폐쇄 이후 급감한 추이를 통해 확인된다. 또한, 2008년 이명박정부 출범으로 정치적 관계의 침체와 5·24 조치의 실시로 말미암아 일반 교역은 거의 중단되었지만, 개성공단을 매개로 임가공교역이 유지되면서 교역액의 변화는 별로 없었다. 셋째, 교역수지의 측면에서 보면, 1997년까지 남한의 반입이 반출보다 많았으나, 1998년 이후 반출 초과를 기록하기 시작했다. 1997년까지 주로 북한의 원자재를 남한으로 들여오는 방식의 교역이었다면, 1998년 이후 반출 초과는 1995년부터 시작된 대북지원이 확대된 탓이다. 즉 1997년 경수로건설사업, 1998년 금강산관광사업, 1999년 대북비료지원, 2002년 경의선과 동해선 철도 및 도로 연결사업, 2005년부터 개성공단 개발과 관련 각종 기자재 지원 등으로 비거래성 교역비중이 증대했기 때문이다.

교역이외 경제협력은 주체들의 상이한 목적에 따라 성격과 추진원칙이 다르다. 즉 기업 차원의 경제협력은 당연하게도 수익성의 원칙을 따르는 경향이 강하다. 이에 비해 정부 차원의 경제협력은 남북 간 정치적 긴장과 갈등관계를 해소함과

표 5.3　연도별 남북한 교역액 (1989~2020년)

(단위: 만 US 달러)

연도 구분	1989	1990	1991	1992	1993	1994	1995	1996	1997	1998	1999
반입	1,900	1,200	10,600	16,300	17,800	17,600	22,300	18,200	19,300	9,200	12,200
반출	–	1	6	11	8	18	64	70	115	130	212
합계	1,900	1,300	11,200	17,400	18,600	19,400	28,700	25,200	30,800	22,200	33,400

연도 구분	2000	2001	2002	2003	2004	2005	2006	2007	2008	2009	2010
반입	15,200	17,600	27,200	28,900	25,800	34,000	52,000	76,500	93,200	93,400	104,400
반출	27,300	22,700	37,000	43,500	43,900	71,500	83,000	103,300	88,800	74,500	86,800
합계	42,600	40,300	64,200	72,400	69,700	106,500	135,000	179,800	182,000	167,900	191,200

연도 구분	2011	2012	2013	2014	2015	2016	2017	2018	2019	2020	합계
반입	91,400	107,400	61,500	120,000	145,200	18,600	–	1,100	–	–	1,260,700
반출	80,000	89,700	52,100	113,600	126,200	14,700	100	2,100	700	400	1,225,400
합계	171,400	197,100	113,600	234,200	271,400	33,300	100	3,200	700	400	2,486,000

출처: 통일부, 『통일백서 2021』 (서울: 통일부, 2021).

동시에 점진적이고 평화적인 통일의 기반을 조성하는 데 목적을 두고 있다.

민간차원의 경제협력은 다양하게 이루어졌다. 특히 2000년 남북정상회담 이후 녹십자사의 유로키나제, 평화자동차의 자동차조립, 태창의 금강산 샘물, 안동대마방직의 삼베제품, 삼성전자의 소프트웨어 공동개발 등 많은 협력사업이 추진되었다. 그렇지만 2000년 이후 경제협력은 금강산관광사업, 철도·도로연결 사업, 개성공단사업과 같이 규모 면에서 큰 사업을 중심으로 전개되었다고 해도 과언이 아니다. 금강산관광사업은 1998년 현대 정주영 회장의 소떼 방북을 계기로, 철도·도로연결 사업은 2000년 7월 남북장관급 회담의 합의에 따라, 그리고 개성공단사업은 2000년 8월 현대와 북한의 합의서 체결로부터 각각 시작되었다.

금강산관광사업은 북한에게 적지 않은 현금수입을 보장했다. 관광객 1인당 비자발급 비용 등 소위 '입북료'를 1인당 100달러씩 지불했기 때문이다. 이러한 방식의 관광사업은 2003년 북한의 '아리랑 축전'과 맞물려 평양관광 시범사업으로 확대되기도 했다. 또한, 개성공단 건설 이후 2006년부터 개성관광도 시작되었다. 이렇듯 관광사업으로 북한을 방문한 남한관광객의 수는 표 5.4에서 보듯이 적지 않았으나, 2008년 금강산관광객의 피살사건으로 전면 중단되었다.

남북 철도·도로 연결사업은 애초 1991년 「남북기본합의서」의 3통(통행·통신·통상) 합의에서 그 필요성이 부각되었

표 5.4 북한방문 남한관광객 (1998~2015년)

(단위: 명)

구분 \ 연도		1998~2000	2001	2002	2003	2004	2005
금강산관광	해로	371,637	57,879	84,727	38,306	449	–
	육로	–	–	–	36,028	267,971	298,247
	합계	371,637	57,879	57,879	84,727	268,420	298,247
개성관광		–	–	–	–	–	1,484
평양관광		–	–	–	1,019	–	1,280

구분 \ 연도		2006	2007	2008	2009~2015	합계
금강산관광	해로	–	–	–	–	552,998
	육로	234,446	345,006	199,966	–	1,381,664
	합계	234,446	345,006	199,966	–	1,934,662
개성관광		–	7,427	103,122	–	112,033
평양관광		–	–	–	–	2,299

출처: 통일부, 『통일백서 2021』 (서울: 통일부, 2021).

으며, 2000년 남북정상회담 이후 후속 장관급 회담에서 합의된 것이다. 합의에 따라 경의선 철도 남측구간 복원사업은 2000년 9월에 공사에 착공하여 2002년 4월부터는 도라산역까지 열차가 운행을 개시했으며 도로 역시 2003년 4차선 완공했다. 또한, 동해선 철도의 남측구간 복원사업은 2005년 완료했고, 도로도 2004년 2차선 완공했다. 2003년부터 경의선 및 동해선 도로는 각각 개성공단과 금강산 육로운행에 활용되기 시작했다. 2004년 남북은 '남북 사이 열차운행에 관한 기본합의서'를 채택하고, 2005년 철도개통식의 실시에 합의했다. 남한으로부터 자재를 공급받아 북측구간이 건설되면서 2007년 양 노선에서 시범운행이 이루어질 수 있었다. 특히 2007년부터 경의선 남측의 문산역(도라산역 경유)에서 북측의 봉동역(판문역) 사이에 화물열차가 정기적인 상업운행을 시작했다. 그러나 2008년 11월 철도운행이 중단되었다. 단지 정치적 이유 탓만 아니라 실제로 경제성이 확보되지 못함으로써 철로 개통은 상징성을 가지는 데 그쳤다.

철도·도로 연결사업은 단지 남북 간의 통행 및 통상만을 위한 것이 아니라 시베리아(TSR)와 중국(TCR)을 횡단하여 유럽까지 물류 운송을 원활히 함으로써 경제적 이익을 새롭게 창출할 수 있음을 보여주었다는 점에서도 큰 의미를 갖는다. 이 때문에 박근혜정부는 한반도종단철도 사업에 관심을 보였으나, 실천하지는 못했다. 문재인정부에 들어와 철도·도로 연결사업은 다시금 주목을 받았고, 2018년 4·27 「판문점선언」에서도 언급되고 있다. 이에 따라 2018년 11월부터 남북 공동조사단이 구성되어 같이 열차를 타고 북한지역의 경의선과 동해선 구간을 돌며 철도 기초 공동조사를 마쳤다. 그러나 하노이 북미정상회담의 결렬로 더 이상 진행되지 못하게 되었다. 이전과 달리 북한의 핵·미사일 실험에 대한 국제사회의 대북제재가 강화되었기 때문에 철도·도로 연결사업의 추진은 더욱 어려워졌다. 즉 국제적 대북제재의 강화로 인해 북미 핵합의가 성공적으로 추진되지 못할 경우, 남북 경제교류·협력이 본격적으로 재개되기 어렵게 되었다.

개성공단 사업은 현대와 북한의 합의로부터 시작되었으나, 남한정부의 적극적 지원 덕분에 유지되었기 때문에 민관합동 사업으로 볼 수 있다. 개성공단사업은 위치나 규모, 그리고 북한의 태도 등을 감안할 때, 남북협력을 상징하는 사업으로서 한반도 평화와 번영을 향한 주요 통로로 간주되었다. 북한의 적극적인 태도는 일차적으로 개성공단에 관한 법제정에서 찾을 수 있다. 북한은 투자와 공단 운영의 안정성을 보장하기 위해 2002년 최고인민회의 상임위원회 정령(2002.11.20.)으로 「조선민주주의인민공화국 개성공업지구법」을 제정했다. 당초 계획상 공단은 개성시 일대 약 2,000만 평(공단 800만 평, 배후도시 1,200만 평)을 개발하는 것을 목표로 하여 3단계로 추진되었다. 제1단계는 2003년 한국토지공사와 현대아산(주)이 공동으로 착공하여 기반시설을 2007년에 완공했다. 그러나 이명박정부 출범 이후 더 이상의 확대는 포기했다. 단지 정치적 이유뿐만 아니라, 실제로 공단 규모를 확대하는 만큼 북한 노동자 수를 급격하게 늘리는 것도 현실적 한계가 있었기 때문이기도 했다.

개성공단사업은 남북한 모두에게 경제적 이익을 보장했다. 특히 남한의 중소기업들은 세계 어느 지역에서보다 싸고 우수한 노동력을 확보할 수 있었기 때문에 경쟁력을 가질 수 있었다. 북한 역시 고정적인 외화 수입을 얻을 수 있다는 점에서 매력적인 협력사업이었다. 표 5.5에서 보듯이 개성공단의 생산은 적지 않았고, 개성시의 인구규모(약 36만 명)를 고려하면 동원된 북한 노동자의 수도 매우 많은 편이었다.

개성공단 개장 이후 사업추진이 순탄하지만은 않았다. 북한이 남한정부에 대한 불만을 공단통행 제한이라는 조치로 표현함에 따라 몇 차례 가동 중단사태가 발생했다. 2008년 12월 1일 북한은 일방적으로 통행제한 조치를 발표함에 따라 개성공단 사업은 위기를 맞았으나, 2009년 8월 20일 북한이 동 조치를 해제한다고 발표해 일단 위기 상황은 완화되었다. 2013년 3월 말에는 개성공단 입·출경을 중단하고 남한 인력의 출경을 막았을 뿐만 아니라 남북 간 군 통신선을 차단한 데 이어 2013년 4월 9일 북한 근로자를 일방적으로 전면 철수시키기까지 했다. 그러나 8월 28일 남북한이 「개성공단 정상화를 위한 합의서」를 채택하면서 9월 16일부터 개성공단이 재가동될 수 있었다. 개성공단의 마지막 중단은 북한이 아니라 남한정부의 결정으로 이루어졌다. 즉 제4차 핵실험과 장거리 미사일 시험 발사 직후인 2016년 2월 박근혜정부가 개성공단 운영을 전면 중단하기로 결정한 이후 개성공단은 무기한 폐쇄 상태에 놓여 있다. 이제는 북한에게 현금이 들어가는 개성공단 방식의 경제협력은 국제제재가 지속되는 한 재개되기란 매우 어렵게 되었다. 그동안 우여곡절을 겪어가면서도 남북한 모두가 포기하지 않았던 상징적인 경협사업이 중단되었다는 것 자체만으로도 남북관계는 매우 커다란 유·무형의 손실을 입었다고 말할 수 있다.

기존의 남북경제협력 사례를 되돌아보면, 몇 가지 근본적인 문제점을 발견할 수 있다. 일차적으로는 북한의 경제난과

표5.5 개성공단 생산액 및 북한 근로자 수 (2005~2015년)

구분＼연도	2005	2006	2007	2008	2009	2010
생산액 (만 달러)	1,491	7,373	18,478	25,142	25,648	32,332
북한 근로자(명)	6,013	11,160	22,538	38,931	42,561	46,284

구분＼연도	2011	2012	2013	2014	2015	합계
생산액 (만 달러)	40,185	46,950	22,379	46,997	56,330	323,305
북한 근로자(명)	49,866	53,448	52,329	53,947	54,988	432,065

출처: 통일부, 『통일백서 2021』 (서울: 통일부, 2021).

열악한 투자환경 탓이다. 중앙집권적 계획경제체제를 근간으로 자립적 민족경제 건설을 추구해온 북한은 이미 1970년대 초반 경제발전의 한계에 이르렀고, 이를 극복하기 위한 제한적 경제개혁조치들도 결국 성공하지 못했다. 더구나 사회주의권의 붕괴 여파로 경제적 위기에 몰리면서 시장제도를 제한적으로 도입했으나, 체제생존 우선적 태도 탓에 결코 성공할 수 없는 실정이다. 북한경제의 위기를 극복하기 위해서는 개혁·개방이 필수적이나, 북한 정권은 체제붕괴를 두려워하여 수입대체 산업전략과 같은 내부지향적 경제체제를 지속시키는 가운데 외부로부터 제한적 투자유치와 경제지원을 얻고자 한다. 그러나 만성적 결핍경제 탓에 낮은 수준에 머물고 있는 경제적 하부구조의 문제는 남한기업의 투자를 유인하는 데 가장 큰 걸림돌이다. 또한, 2000년 '4대 경협합의서'(투자보장, 이중과세방지, 상사분쟁해결절차, 청산결제)가 남북 사이에 서명되고 2003년 발효되었지만, 후속 조치 미비 탓에 실질적으로 작동하지 않는 등 제도화 수준도 낮은 상태이다. 특히 금강산관광사업을 비롯하여 여러 사례에서 북한당국이 경협합의서를 제대로 지키지 않는 것도 남한기업 투자유치를 어렵게 한다. 나아가 남북경제협력과 동북아 및 유라시아 경제협력을 연계시키려는 사업 구상과 논의는 많았지만, 제대로 진전된 것이 없다는 사실도 문제점으로 지적될 수 있다. 게다가 이제는 대북제재로 말미암아 외부로부터의 경제투자나 지원도 현실적으로 불가능한 상태이다.

3) 인도적 지원

남한의 대북 인도적 지원은, 비록 규모 면에서 매우 크다고 할 수는 없으나, 경제적 차원에서는 물론이고 사회·문화적 차원에서 남북관계를 지속적으로 유지해주는 중요한 고리 역할을 해왔다. 대북 인도적 지원은 1990년대 중반 북한의 대규모 식량난에서부터 본격적으로 추진되었다. 당시 고난의 행군으로 북한주민들이 굶주리는 사태를 겪고 자연재해 탓에 식량난이 더욱 심각해지면서 북한당국은 유엔과 국제기구에 대한 식량지원 요청을 했다. 이를 계기로 남한정부는 1995년부터 대북 인도적 지원을 시작했다. 인도적 지원은 이후 정부 차원과 민간 차원에서 각각 추진되었다. 남한정부는 당국 간 회담을 거쳐 쌀 15만 톤을 지원했으며, 동시에 남한 민간단체들의 대북지원을 일정한 조건하에 허용했다.

초기 정부 차원의 대북지원에는 기본적으로 남북 당국 간 대화에 북한의 호응을 유도하려는 의도가 숨어 있었다. 그러나 쌀 지원 과정에서 북한의 남한선원 억류사건이 발생함으로써 소기의 당국 간 대화도 활성화되지 못했을 뿐만 아니라, 대북지원에 대한 부정적 여론이 남한내부에서 확산되기도 했다. 1996년도에 들어와 종교단체들이 대북지원을 호소하면서 본격적인 대북지원 운동이 활발하게 전개되기 시작했다. 대표적인 대북지원단체인 '우리민족서로돕기운동'도 출범 당시 7대 종단이 주축으로 결성했고, 북한 정권에 대해 대체로

적대적인 경향을 보이는 개신교 교단도 직간접적으로 대북지원을 시작했다.[2]

대북 인도적 지원은 김대중정부의 소위 정경분리와 신축적 상호주의 원칙이 적용되면서 안정적으로 확대되는 추세를 보였다. 남북 당국 간 회담을 통해 정부 차원의 대북지원이 재개되었고, 민간단체의 인도적 지원이 확대될 수 있는 조치가 마련되면서 민간의 대북지원운동이 활성화되었다. 1999년에는 민간단체의 대북지원에 대한 정부 규제가 폐지되기도 했다. 나아가 김대중정부는 민간단체의 대북지원이 남북한 직접 교류를 촉진할 뿐만 아니라 분배투명성 확보에 더욱 효과적이라는 판단 아래 대북지원단체들을 적극 지원하는 '대북지원 사업 처리에 관한 규정'을 발표했다. 이에 따라 모범적인 대북지원 민간단체들은 「남북협력기금」의 지원 혜택을 받을 수 있게 되었다.

2000년 초반까지 대북지원은 대체로 긴급구호나 일반구호 성격을 띠었다. 정부차원의 지원품은 쌀, 옥수수, 밀가루, 그리고 유아용 식품(예를 들어, 옥수수-콩 영양식, CSB: corn-soya blend)과 같은 식량과 비료에 집중되었다면, 민간단체들의 지원내역은 더욱 다양했다. 즉 식량과 비료 이외에도 젖

---

2) 이우영, "대북지원 20년: 남한 민간단체의 대북지원 역사와 의의," 『남북관계 개선과 향후 대북지원 발전방향 모색』, 대북지원 20년 백서 발간 기념토론회, 정동 프란치스코회관 (2016년 5월 19일), pp. 8-9.

소, 젖염소와 같은 가축 및 가축사료, 식용유, 설탕, 소금, 옷감, 의복, 신발 등의 생활용품, 의약품 및 의료장비, 농약 및 씨감자, 묘목 등 다양한 품목이 지원되었다. 이러한 지원경험을 토대로 민간단체의 지원사업은 점차 전문영역을 구축하기 시작했다. 특히 식량난 해결을 위한 식량지원을 넘어 북한의 농업 생산성을 제고함으로써 지속가능한 개발에 관심을 쏟기 시작했다. 뿐만 아니라 보건분야나 영유아, 산모, 장애인 등 취약계층을 대상으로 지원사업을 특화하면서 사회 인프라 구축에 힘쓰기 시작했다. 이에 따라 비료, 씨감자, 농약, 가축 등과 같이 북한주민들이 스스로 자활하는 데 도움을 주는 품목들이 증가했다. 이러한 개발지원적 성격의 대북지원에는 이미 1990년대 말부터 많은 수의 민간단체가 참여하였다.

사실 북한에서 발생하는 인도적 위기는 단순히 자연재해 탓만이 아니라 사회경제적 차원의 복합적인 원인에 의한 것이기 때문에 일반구호 성격의 지원만으로 해결이 불가능하다. 개발협력은 북한 스스로 식량 등 저개발로 인한 사회경제적 문제를 해결하게 함으로써 당장의 남북관계뿐만 아니라 한반도의 통일 미래를 대비하기 위해서 필수적인 것이기도 하다. 마침 북한당국도 2004년 유엔에 기존의 구호적 성격의 인도적 지원 대신 개발협력방식으로 전환해줄 것을 요청했다. 이러한 배경하에 남한에서는 '대북협력민간단체협의회(북민협)'가 결성되었고, 2004년에는 이들 협의회와 정부 유관기관들이 '대북지원민관정책협의회'(2019년 '인도협력민관정책협의

회'로 개칭)를 발족시켜 개발협력의 효율성을 증진시키고자
했다. 이와 더불어 지방자치단체들의 대북지원도 개발협력
성격을 띠기 시작했다. 2005년 시작된 경기도와 경상남도의
대북 농업협력 사업은 대표적 사례이다.

다른 남북 교류·협력 사업과 마찬가지로 이명박정부 이후
인도적 지원도 점차 감소했다 (표 5.6 참조). 정치적 대화가
단절되면서 정부 차원의 대북 인도적 지원은 더 이상 직접지
원이 아니라 대부분 국제기구를 통한 지원으로 이루어졌고,
대북 식량차관도 중단되었다. 박근혜정부에서는 더욱 줄었
다. 이러한 상황에서 대북지원 민간단체들은 인도적 지원은
정부가 단독으로 처리할 수 있는 것이 아니기 때문에 민간분
야의 다양한 전문가들이 참여하는 정책거버넌스의 구성을 정
부에 강하게 요구했다. 2012년부터 대북지원민관정책협의회
가 열리지 않았기 때문에 더욱 그러했다. 이 협의회는 2019
년 다시 개최되기는 했으나 현실적으로 남북관계가 정체되
면서 할 수 있는 사업을 발굴하기가 쉽지 않은 실정이다. 물
론 국제사회의 대북제재 국면에서도 일반구호나 개발협력 사
업은 예외적으로 가능하며, 그동안 국제사회의 인도적 지원
은 제한적이지만 지속되었다. 문제는 북한당국이 정치적 내
지 전략적 의도에서 남한의 인도적 지원 의사를 수용하지 않
는다는 점이다. 기후재해와 코로나19 팬데믹에 대응한 국경
봉쇄가 북한내부의 경제난과 식량난을 가중시킬수록 북한당
국은 외부로부터의 지원이 더욱 절실할 것은 분명하다. 2021

표 5.6 대북 인도적 지원 현황 (1995~2020년)

구분		1995	1996	1997	1998	1999	2000	2001	2002	2003	2004	2005	2006	2007
정부차원	무상지원*	1,854	24	240	154	339	944	913	1,075	1,016	1,211	1,240	2,139	1,767
	민간 기금지원액						34	62	65	81	102	120	134	216
	식량차관	-	-	-	-	-	1,057	-	1,510	1,510	1,359	1,787	-	1,505
	계	1,854	24	240	154	339	2,035	975	2,650	2,607	2,672	3,147	2,273	3,488
민간지원(무상)		2	12	182	275	223	387	782	576	766	1,558	779	709	909
총액		1,856	36	422	429	562	2,422	1,757	3,226	3,373	4,230	3,926	2,982	4,397

구분		2008	2009	2010	2011	2012	2013	2014	2015	2016	2017	2018	2019	2020	합계
정부차원	무상지원*	197	294	387	65	23	133	141	117	1	-	12	106	118	14,225
	민간 기금지원액	241	77	21	-	-	-	-	23	1	-	-	-	7	1,188
	식량차관	-	-	-	-	-	-	-	-	-	-	-	-	-	8,728
	계	438	294	204	65	23	133	141	140	2	-	12	106	125	24,141
민간지원(무상)		725	377	201	131	118	51	54	114	28	11	66	170	23	9,231
총액		1,163	671	406	196	141	183	195	254	30	11	77	277	149	33,372

* 무상지원에는 국제기구를 통한 지원이 포함되며, 2008년 이후 무상지원은 거의 대부분 국제기구를 통한 지원이었음.

출처: 통일부, 『통일백서 2021』 (서울: 통일부, 2021).

년 7월 중순 유엔의 '지속가능발전목표(SDGs: Sustainable Development Goals)' 이행 현황과 관련하여 북한이 처음으로 제출한 '자발적 국가별 검토(VNR: Voluntary National Review)' 보고서에 따르면, 북한은 식량난, 취약한 보건분야, 만성적 에너지 부족을 겪고 있다. 특히 식량은 2018년도 생산량이 지난 10년간 최저를 기록할 정도로 부족하다 (생산목표는 700만 톤이나, 실제 생산량은 495만 톤). 또한, 보건분야에서는 부족한 의료인력, 낮은 제약기술 등으로 인해 필수 의약품이 부족한 실정이다. 이러한 경제난, 식량난, 낮은 보건의료 수준이 만들어 내는 북한 내부의 불만이 북한수뇌부의 체제생존전략에 대해 어떠한 압력으로 작용할지에 따라 남한의 대북 개발지원 재개 여부가 결정될 것이다.

6장

남남갈등: 경쟁하는
통일담론의 정치화

대북·통일정책은 외교정책과 유사하게 상당 부분 국내정치의 반영이다. 국제환경에 대한 인식과 정책적 대응은 전적으로 국내정치의 틀 속에서 이루어지기 때문이다. 냉전종식 이후 분단관리나 통일준비 어느 하나에만 중점을 두었던 역대 정부의 대북·통일정책이 정립되는 과정은 물론이고, 이를 토대로 구체적·효율적 정책과 전략을 수립하고 실행하는 과정은 국제환경 못지않게 국내환경에 큰 영향을 받았다. 국내환경에서는 정책의 수립 및 실행을 위한 적절한 자원의 확보와 이것의 활용능력이 중요하다. 대북·통일정책과 관련한 국내적 자원은 두 가지 측면으로 대별될 수 있다. 하나는 군사력, 경제력과 같이 객관적으로 관찰 가능한 국가역량이며, 다른 하나는 이러한 국가역량을 최대로 활용할 수 있는 정치·사회적 문화와 제도이다. 정치·사회적 민주화, 다원화, 제도화의 정착을 바탕으로 정책의 형성 및 수행과정에서 국민들의 지지, 정부 및 정치엘리트들의 정치적 능력, 그리고 정책에 대한 국민과 엘리트들의 건전한 자기신뢰는 전자의 국가역량을 좌우할 만큼 매우 중요하다.

국가역량의 측면에서 남한은 지난 세월 동안 경제적 발전, 정치적 민주화, 사회적 다원화의 과정을 통하여 괄목할만한 성과를 거두었다. 비록 경제대국이라고 평가하기는 아직 이르지만, 성장 가능성과 세계 및 지역에서 차지하는 경제적 비중을 감안할 때, 경제적 차원에서 중견국가로서의 잠재적·미래적 역량은 결코 과소평가될 수 없다. 그러나 객관적인 국가역량의 총합에서 남한은 주변 강대국들과 비교하여 상대적인 열세에 놓여 있는 것을 부인할 수 없다. 특히 군사적 안보 역량과 관련하여 남한은 세계적 강대국이 몰려있는 동북아 지역에서 큰 목소리를 내기 어렵다. 핵·미사일실험을 반복하며 핵보유국으로 인정받으려는 북한에 대응하기 위해서는 미국의 핵우산을 필요로 하기에 더욱 그러하다.

이러한 현실에서 가용한 국가역량을 최대화함으로써 취약한 부분을 보완하는 노력이 불가피하며, 여기에는 국민적 합의를 바탕으로 최적의 선택이 요구된다. 문제는 남한사회에서 정치·사회적 민주화, 다원화, 제도화 과정이 진전되면서 국민적 합의를 기대하기 어려운 상황에 직면하고 있다는 점이다. 특히 냉전종식 이후 한반도 문제에 대한 국민의식이 변화하는 가운데 계층 및 세대 사이에 견해차이가 과거보다 첨예하게 표출되는 경향이 나타나고 있다. 급격한 민주화, 탈산업화, 지구화를 거치면서 그러한 문제는 충분히 예상된 것이다. 갈등을 겪을수록 소통의 필요성이 증대할 것은 자명하며, 향후 절차적 민주주의가 정착하게 되면 중장기적으로 해결의 실마리를 찾아갈 것으로 판단된다.

한반도 문제에 관한 남한주민의 의식을 분석해보면, 단지 계층 및 세대 간의 인식적 차이를 넘어 여러 가치가 복잡하게 뒤엉켜 있는 현상이 드러난다. 일반적으로 6·25전쟁 경험 및 반공이념 교육의 효과, 산업화에 따른 정치·사회적 다원화, 그리고 한민족 특유의 동포애를 강조하는 민족주의라는 세 가지 요소가 서로 뒤얽혀 있는 가운데 북한에 대한 정보 격차가 반영된 의식구조가 형성되어 있다. 이는 정부의 한반도 정책을 대하는 시민들의 이중적 심리구조에서 여실히 드러난다. 예컨대 남북경협이나 대북인도지원 문제에 대해 보수와 진보세력의 양극단을 제외한 대다수 시민들은 한편으로 평화주의, 민족애, 그리고 인도주의적 입장에서 긍정적이나, 다른 한편으로는 반공주의와 북한의 전쟁도발 가능성에 대한 우려를 동시에 가지고 있다.

이러한 이중적 심리구조는 소위 '남남갈등'의 배양토이다. 남남갈등이란 남북정상회담을 앞둔 시점에 언론이 김대중정부의 대북정책에 대한 찬반여론 사이의 갈등을 남북갈등과 대비시켜 상징적으로 표현한 용어로서 이후 남북관계를 둘러싼 남한사회 내부의 여러 갈등을 총괄하는 의미로 사용되고 있다. 남남갈등의 표출과 더불어 한반도 문제의 국내정치화 추세가 두드러지기 시작했고, 2001년을 지나면서 남남갈등은 치유하기 힘든 사회균열 구조로 자리를 잡았다. 그 이면에는 한미관계에 대한 재인식과 안보의식을 둘러싼 갈등이 결정적인 역할을 했다. 2002년 사상 초유의 반미촛불시위가 노무현정부 탄생의 원동력이 되면서 남남갈등은 남북관계를 중시하는 시각과 안보를 우선하는 시각 사이의 대결로 부각되었다. 특히 우라늄농축문제로 불거진 소위 2차 북핵위기가 시작되면서 '민족 대 동맹'의 대결은 더욱 분명해졌다. 요컨대 남남갈등은 통일담론을 정치의 전면으로 끌어들여 보수와 진보(또는 우파와 좌파)의 대결을 상징하는 표현이 되었다.

남한사회에서 통일담론의 경쟁은 결코 단순하지 않다. 보수와 진보의 담론 차이는 냉전시기에 이미 생성된 부분도 있지만,[1] 탈냉전시대에 들어온 후 비로소 부각된 것도 있다. 통일담론의 차이는 근본적으로 남한주민들의 세계관 및 이념 차이에 기인한다. 이러한 차이를 경험적으로 이해하기 위해서는 대립을 유발하는 주요 지점을 확인하는 것이 필요하다. 이 맥락에서 다음 세 가지 이슈, 즉 북한 및 분단현실에 대한 인식, 통일문제 및 통일방식에 관한 비전 및 전망, 남한의 통일

---

1) 이에 대해서는 다음 글 참조. 손호철, "남남갈등의 기원과 전개과정," 경남대학교 극동문제연구소 편, 『남남갈등: 진단 및 해소방안』 (서울: 경남대학교 극동문제연구소, 2004).

역량 평가에 관한 생각에 주목하고자 한다. 이것들이 복합적으로 작용하며 정치화된 결과가 정쟁으로 쉽게 비화되는 남남갈등의 모습으로 나타나고 있기 때문이다.

1. 경쟁하는 통일담론

1) 북한의 체제생존 및 변화에 대한 인식

보수와 진보의 대립은 일차적으로 대북인식에서 나타난다. 가장 큰 차이는 북한체제의 생존 및 변화 여부에 대한 평가와 전망이다. 보수의 기본 관점은 탈냉전 진입시점에 북한체제가 처한 내외적 난관과 대응방식을 경험하면서 형성된 것이다. 즉 외교적 고립과 경제 및 식량난을 겪는 북한이 내·외부로부터의 압력 탓에 체제를 유지하지 못할 것이라고 판단했다. 심지어 북한의 핵개발도 그러한 체제위기에 대한 마지막 몸부림으로 보았다. 이러한 상황에서 주요 관심은, 북한체제 붕괴가 경착륙이 아닌 연착륙할 수 있을지 또는 그 방향으로 유도할 수 있을지, 나아가 어떠한 경우에도 남한이 북한붕괴에 효율적으로 대응할 수 있을지에 집중되었다. 이에 따라 김영삼정부는 남북통합 대비계획 또는 북한 급변사태에 대한 대비책을 강구하기 시작했다.

이와 달리 진보의 통일담론을 대표하는 햇볕정책은 통일대비보다 분단의 평화적 관리가 더욱 시급하다는 논리를 확산시키는 데 결정적 역할을 했다. 진보는 일차적으로 '흡수통일'을 배제하고, 북한을 동반자로 대우함으로써 평화공존을 통한 남북 교류·협력의 활성화를 도모하는 데 역점을 둔다. 무엇보다 한반도 평화정착은 북한의 점진적 변화를 촉진할 수 있는 전제조건이라고 확신하기 때문이다. 즉 평화정착은 북한 정권이 우려하는 외부로부터의 체제위협을 감소시킴으로써 북한 정권이 체제의 내적 생존력을 제고하기 위한 경제개혁·개방을 가속화할 것이고, 이에 따른 경제적 현대화는 필연적으로 사회구조의 변화를 촉진시킴으로써 중장기적으로는 정치·사회적 다양화를 초래하는 원동력이 될 수 있다는 것이다. 단, 이러한 목표를 성취하기 위해서는 장기적 안목에서 인내력 있는 정책추진이 절대적으로 필요하다. 생존전략에 몰두한 북한 정권이 "햇볕을 쬐어서 옷을 벗기려는 의도"를 매우 경계하며 전략적으로 대응할 것이 분명하기 때문이다.

탈냉전 초기에는 통일에 대한 기대나 희망이 북한붕괴에 대한 전망으로 자연스럽게 연결되었으나, 독일의 통일후유증, 특히 통일비용의 문제가 알려지면서 급격한 통일 가능성에 대해 적지 않은 우려가 나타나기 시작했다. 통일후유증 문제는 어떻게 하든 북한을 연착륙시킬 필요성으로 이어졌으며, 분단관리에 사람들의 관심을 모으기 시작했다. 더욱이 김일성 사후 북한이 '고난의 행군'으로 아사자가 속출하면서도 예상과 달리 붕괴하지 않자 붕괴론에 대한 회의론이 확대되었다. 한편으로 북한체제의 내구력에 대한 연구와 다른 한편으로 '내재적-비판적 방법론'을 통하여 북한체제가 조만간 붕괴하지 않을 이유들이 다각도로 규명되기도 했다.

북한체제의 급변에 대한 우려와 북한체제의 예상치 못한 내구력은 실제로 분단관리론에 큰 힘을 실어주었다. 그러나 햇볕정책이 10여 년간 추진되었음에도 불구하고 실제로 남북관계의 제도화는 요원하고, 북한은 핵무기 개발에 박차를 가하는 등 기대했던 체제변화가 일어나지 않는 상황에서 햇볕정책에 대한 실망도 증대했다. 이러한 상황에서 집권한 이명박정부는 당시 북한 김정일 위원장의 와병, 유엔의 대북제재에 따른 경제 및 식량난 가중, 권력승계 등 북한 내부의 변화를 기화로 북한의 내적 붕괴 가능성을 포함하여 통일문제에 대한 새로운 패러다임의 필요성을 강조하면서 한동안 잠잠했던 통일준비론을 재점화시켰다. 다만 북한체제의 급변이 눈앞에 있다는 생각보다는 북한 내부의 불안정을 항상 염두에 둘 필요성을 강조했다는 점에서 1990년대와는 약간의 차이를 보였다. 보수정부가 물러나고 문재인정부가 들어서면서 다시 북한의 점진적 변화를 추구하는 정책이 시작되었다. 이렇듯 지난 30여 년간 남한에서는 상이한 인식이 번갈아 가며 정책의 전제가 됨으로써 일관성의 부재로 인한 정책적 혼선이 있는 동안, 북한체제는 유지됐으며 심지어 권력승계도 무난하게 이루어졌다는 사실에 주목할 필요가 있다.

어쨌든 서로 대립하는 두 시각은 기본적으로 이념적 성향에 직간접적인 영향을 받고 있다. 북한체제에 대한 인식차이를 야기하는 두 변수, 즉 변화에 관한 평가 및 판단기준과 변화를 촉진 내지 유도하는 방법의 차이는 궁극적으로 각자의 세계관에 기인하기 때문이다. 그렇지만 양자 사이에는 차이만 있지 않으며, 몇 가지 공통점도 있다. 첫째, 예외가 없지는 않으나, 21세기에 들어온 이후 양 시각 모두 대체로 북한체제의 내구력을 부인하지 않는다. 둘째, 북한체제의 급변 가능성을 항상 열어두고 있다. 다만 보수에서는 이를 공론화하는 반면, 진보에서는 북한의 반응을 고려하여 철저하게 대외비로 해야 한다고 생각한다. 셋째, 남한의 정책이 북한체제의 변화를 직접적으로 유도 내지 촉진할 수 있다는 공통된 확신을 가지고 있다. 다만 변화의 구체적 대상, 범위, 성격 등에 두고 시간적 계산이 다를 뿐이다. 즉 보수는 북한 정권에 대한 전면적이고 강력한 압박을 통해서 빠른 시간 내에 체제붕괴를 이끌 수 있을 것이라고 판단하는 반면, 진보는 햇볕을 쬐어서 점진적으로 북한체제의 변화를 촉진할 수 있다는 중장기적인 기대를 가지고 있다.

2) 분단인식 및 통일전망

보수와 진보는 세계적 탈냉전에도 불구하고 한반도에서 냉전이 종식되지 못하는 이유가 북한 정권의 생존전략에 상당 부분 기인한다는 사실에 대해 어느 정도로 공감한다. 그러나 한반도 분단의 구조적 원인에 대해서 서로 다른 생각을 갖고 있으며, 당연한 귀결로서 냉전의 잔재를 떨쳐 내거나 분단을 극복하기 위한 방법에 있어 상이한 대안들을 제시한다.

보수의 분단인식은 기본적으로 반공주의에 기초를 두고 있다. 냉전이 종식된 이후에는 자유민주주의와 시장경제체제의 승리가 조속하게 한반도에도 적용되어야 한다는 신념을 가지고 분단현실을 바라본다. 이렇듯 간결하며, 냉전의 연장선상에서 명확한 적 개념을 가진 보수는 변하지 않으려는 북한 정권에 대해 단호한 입장을 표명한다. 비록 대화를 통한 문제해결 원칙을 부인하지 않으나, 대화나 협상은 항상 힘의 우위를 바탕으로 해야 한다는 것이다. 따라서 핵개발을 발판으로 '벼랑 끝 외교'를 구사하는 북한에 대해 한미동맹은 물론이고 주변 강대국의 협력을 얻어 북한의 핵무기 개발을 포기하도록 압력을 가해야 한다고 주장한다. 이처럼 힘과 안보를 중시하는 분단인식 탓에 탈냉전시기 동북아 국제질서의 변화에도 불구하고 북한의 위협이 지속되는 한, 미국과의 동맹이 대외정책의 우선순위를 차지한다. 특히 북중관계가 유지 및 강화되는 현실에서 한미동맹의 중요성은 더욱 중요하게 여겨진다.

보수는 대체로 한반도 분단의 현상변경(통일)에 대해 적극적인 입장을 취한다. 그러나 현실적으로 분단의 현상변경이 단기간 내 실현될 것이라고 확신하지는 않는다. 통일준비의 필요성 증대가 곧 통일의 실현 가능성을 높일 것이라고 주장하고 있지만, 그 시점은 열려있다. 통일전망과 관련하여 보수의 중점은 통일에 대한 국민적 무관심과 통일후유증 및 비용에 대한 우려를 극복하고 통일에 대한 능동적 태도를 가지게 만듦으로써 철저한 준비는 물론이고 통일의 시기를 앞당기자는 것이다. 특히 이명박정부는 햇볕정책으로 인해 국민들 사이에 통일에 대한 관심이 약화되었을 뿐만 아니라 부정적인 인식이 확산되었기 때문에 이를 극복하기 위해서 통일비전을 제시하고 통일담론을 활성화시켜 통일에 관한 국민적 관심과 긍정적 인식을 불러일으켜야 한다는 강한 의지를 표명했다.

진보의 분단인식은 보수의 그것에 비해 좀 더 복잡하며 심지어 통일적이지도 않다. 여기에는 크게 두 가지 인식이 경쟁하고 있다. 한편에서는 민족주의적 시각에서 남북한은 하나이기 때문에 자주적 통일의 당위성이 강조되며, 다른 한편에서는 '분단체제'라는 개념을 제시하며 남북관계를 규정한다.[2] 특히 후자는 남북한의 기득권세력이 민족주의를 내세워 각자의 체제를 중심으로 타자를 흡수하는 통일을 표방하면서 역설적으로 각자의 정권을 유지하는 적대적 의존관계를 맺었다고 주장한다. 그리고 이러한 의존관계에서 생성된 '분단체제'는 세계적 냉전 해체에도 불구하고 한반도가 냉전을 극복하지 못하는 근본 원인을 제공한다고 생각한다. '분단체제'의 인식에는 민족주의적 접근에 대한 비판의식이 내재해 있다. 그리고 분단체제를 '세계체제'의 하위개념으로 이해하는 데서 보듯이 그 자체로서 완결적이라기보다 국제환경에 영향을 받

---

2) 백낙청, "분단시대의 최근 정세와 분단체제론," 『창작과 비평』, 제22권 제3호 (1994) 참조.

을 수밖에 없다는 점을 인식하고 있다.

이처럼 분단인식의 커다란 차이에도 불구하고 민족주의적 자주통일을 위해서나 '분단체제'를 해체시키기 위한 대북정책적 대안은 대화와 교류를 통한 화해·협력으로 모아진다. '햇볕정책'에서 보듯이 분단관리론에 입각한 대북정책의 기본 방향은 현실성 없는 구호로서 통일을 외치기보다 한반도 평화정착에 우선권을 부여한다는 것이다. 이는 북한체제의 생존전략과 주변 강대국의 복잡한 이해관계로 말미암아 한반도에서 통일을 향한 조건이 쉽게 충족되기 힘든 현실을 직시한 결론이다. 즉 진보세력의 방법론은 분단의 현상유지를 잠정적으로 인정하면서 대북 관여정책을 통하여 북한의 변화를 촉진하고 남북관계의 기능주의적 개선을 도모하는 것이다. 이러한 목표를 달성하기 위한 분단관리정책의 역점은 대북 경제지원과 북미관계 개선에 두어졌다.

통일전망에 대한 진보의 입장은 보수에 비해 그리 뚜렷하지 않다. 진보는 통일보다 평화에 중점을 두고 있으며, 한반도 평화정착으로 남북한 주민들이 자유롭게 상호 방문할 수 있는 상태를 '사실상 통일'이라 표현함으로써 통일에 대해서는 열린 태도를 보이고 있다. 즉 진보는 통일을 남북관계 개선의 과정으로서 이해한다.

3) 남한의 통일역량 평가

양 시각이 차이를 보이는 이면에는 남한이 통일의 길을 주도적으로 개척하거나, 통일을 감당할 역량이 충분한지에 대한 평가도 엇갈리고 있다. 통일역량 평가는 크게 다음 세 가지 구체적인 질문을 통해 비교해볼 수 있다. 첫째, 북한의 개혁·개방 내지 체제변화를 유도할 수 있는 역량이 어느 정도인지? 둘째, 현상유지를 선호하는 주변 강대국이 남한 주도적 현상변경에 동의할 수 있게 만드는 통일외교 역량이 충분한지? 그리고 마지막으로 통일비용을 감당할 역량이 충분한지?

첫째 질문과 관련하여 방법론적 차이는 있지만, 양자 모두 소기의 성과를 거둘 수 있는 역량이 남한에 어느 정도 있다고 본다. 보수는 북한 변화를 위한 정치적 수단으로서 남한의 경제적 역량을 사용할 필요가 있다고 말한다. 남한의 대북 경제협력 내지 지원을 매개로 북한의 변화를 강요할 수 있다는 대표적인 생각은 이명박정부의 '비핵/개방/3000'에서 분명하게 찾을 수 있다. 문제는 중국이나 러시아와 같은 주변 강대국의 대북지원이 그 효과를 상쇄시킬 가능성이다. 그럼에도 불구하고 보수는 북한의 폐쇄성과 도발성이 지속될수록 통일외교를 통해 그 문제를 해결할 수 있는 여지도 증가할 것이라고 믿고 있다. 여기서 한 가지 생각해볼 것은 북한이 남한으로부터 어떠한 경제적 혜택을 얻음에도 불구하고 일정 수준의 대남 의존이 이루어지지 않는다면, 남한의 대북경제지원을 북한 변화를 압박하는 지렛대로 삼는 정책 효과를 기대할 수 있을지에 관한 의문이다.

이에 비해 진보는 정경분리의 원칙 아래 대북지원 및 협력을 통해 북한 변화를 촉진시킬 수 있는 여건을 마련하고 확장하려 한다. 남북 교류·협력의 심화와 확대를 모색했던 햇볕정책은 물론이고, 수차례의 남북정상회담에서 합의된 남북협력 약속에는 그러한 의도가 내재해 있다. 그러나 북한 정권의 변화 의지가 불투명하며, 변화의 속도가 기대에 못 미치는 현실에서 북한에 대한 지원이나 투자가 전폭적으로 이루어지기 어려운 것이 문제이다. 따라서 그 목표를 향한 실제 남한의 역량은 충분하나, 단기적으로는 역량발휘가 제약을 받으며, 중장기적이고 점진적으로 투사될 수밖에 없다는 한계가 있다.

둘째, 통일외교의 역량에 있어서는 보수가 진보보다 상대적으로 적극적인 태도를 가지고 있다. 양측 모두 현 상황에서 주변 강대국들이 한반도 현상유지를 강력하게 선호하고 있다는 사실을 인정한다. 그렇지만 보수는 이들의 현상유지에 대한 선호를 적극적으로 변화시키는 외교를 추진하는 것에 강조점을 두고 있다. 이를 위한 일차적 기반을 한미동맹에서 찾는다. 한미동맹은 북핵문제를 비롯하여 북중관계에까지 영향력을 미칠 수 있기 때문이다. 나아가 한미동맹을 근간으로 지역 국가들과의 협력 강화를 통해 상호이해와 신뢰를 구축함으로써 이들 국가로 하여금 한반도 현상변경이 결코 자국의 이익과 지역의 평화 및 번영에 부정적인 영향을 미치지 않는다는 사실을 확신시키겠다는 의지를 강하게 보인다.

보수가 '통일획득 외교'의 맥락에서 통일외교를 중시했다면, 진보는 통일외교를 '분단상황 관리외교'의 맥락에서 주로 이해하는 경향을 띤다. 진보는 강대국들의 역학관계에 좌우되는 동북아 지역질서를 주도적으로 변경시킬 수 있는 충분한 능력을 갖지 못한 현실에 주목하고, 현재 동북아 국제질서의 평화적 정착에 외교적 역점을 둔다. 그렇지만 현상유지에 안주하는 것만은 아니다. 한반도 평화정착이 실현되면, 기능주의적 변화에 의해 장기적으로 한반도 현상변경을 위한 기반이 마련될 수 있다고 본다. 그러나 햇볕정책과 평화번영정책의 추진과정에서 미국정부와의 정책갈등은 분단상황 관리외교 역량에도 한계가 있음을 보여주었다. 어쨌든 통일외교의 중점이 서로 다르기는 하지만, 보수와 진보는 각각 의욕적으로 표명한 목표를 이루기에 충분한 정책역량을 실제로 증명하지 못했다는 공통점이 있다.

셋째, 통일을 감당할 수 있는 경제적 역량에 대한 보수와 진보의 시각 차이도 적지 않다. 물론 양측은 모두 북한이 경제난을 극복하지 못한 상태에서 통일이 이루어지면 통일비용의 부담이 크다는 사실을 잘 알고 있다. 막대한 통일비용을 비롯하여 통일후유증은 진보의 정당성을 뒷받침하는 주요 논리적 근거들 중의 하나로 손꼽힌다. 이에 비해 보수는 통일비용의 개념이 너무 과장되었다고 주장한다. 통일이 되면, 비용만 드는 것이 아니라 분단으로 인한 비용이 차감되고 통일로 인한

편익도 발생한다는 점이 간과되고 있다는 것이다. 또한, 처음 얼마 동안은 비용이 증가할 것이나 이후에는 통일의 시너지 효과를 통해 오히려 경제적 이득이 클 수 있다고 주장한다. 해방 이후 우리나라의 성공적인 경제발전 경험을 활용한다면, 그 가능성은 더욱 높아질 것이라고 전망한다. 나아가 통일비용 산정은 여러 학자와 기관의 발표에서 보듯이 조건에 따라 다양할 수 있다는 점에 주목한다. 독일의 통일비용 문제는 동독의 경제수준을 서독의 그것에 맞추려는 정책의 결과라는 점을 내세우며, 무릇 통일비용이란 정책적으로 감당할 수 있는 수준에서 조절 가능하다고 주장한다. 즉 통일의 시점에 우리의 능력에 맞게 통일비용을 감당하면 된다는 것이다. 뿐만 아니라 미래의 통일비용이 걱정된다면, 지금부터 '통일기금'을 적립하는 것이 바람직하다고 말한다. 어쨌든 보수에게 통일비용 문제는 그리 심각한 문제가 아니며, 한국의 경제발전 능력에 맞게 충분히 감당할 수 있는 것으로 인식된다. 이러한 논리는 경제학적으로 의미를 가질 수는 있으나, 통일 후 남북한 경제수준의 격차가 좁혀지지 않을 때, 상대적 빈곤이 유발하는 정치사회적 문제까지 충분히 고려했는지에 대해서는 여전히 의문스럽다.

2. 통일담론에 대한 평가: 양 시각의 강·약점

보수와 진보의 대립하는 통일담론은 나름대로 세계관 및 이론체계를 가지고 있다. 즉 보수는 현실주의적 시각을, 진보는 자유주의적 시각을 각각 강하게 띠고 있다. 이를 염두에 두면, 양 통일담론이 각자의 세계관 및 이론체계에 얼마나 합당한 주장을 전개하고 있는지를 찾아봄으로써 양 시각의 강점과 약점을 찾을 수 있다. 이를 통해서 남남갈등의 진면목이 드러남으로써 이것이 초래한 정치사회적 문제를 해결할 수 있는 단초를 발견하는 일이 가능할 것으로 판단된다.

1) 보수담론과 현실주의

보수담론은 힘의 우위를 바탕으로 북한에 영향력을 증대하며, 북한으로부터 오는 영향력을 억제하는 데 중점을 둔다. 그러나 대북 영향력을 유지·증대시키기 위하여 미국과의 동맹에 의존함에 따라 대미 자율성을 상당 부분 포기할 수밖에 없는 일은 국가주권을 절대적으로 강조하는 현실주의의 입장에서 아이러니가 아닐 수 없다. 그럼에도 불구하고 한반도에 군사안보적 긴장이 상존하는 한, 국가의 생존과 행위의 신중함을 중시하여 동맹정책을 추구하는 현실주의적 접근이 더 큰 설득력을 가지는 것으로 보인다. 이처럼 힘과 안보의 논리로 한반도 문제를 단순하고 간결하게 바라보는 것은 문제 인식과 그 대책마련을 쉽게 할 수 있도록 돕는다는 강점이 있다. 그러나 한반도 문제가 그렇게 단순하게 설명되거나 이해될 수 있을지는 의문이다. 예를 들면, 현실주의적 대북 협상

원칙으로서 "협력하면 보상을 해주고, 이탈하면 제재를 하겠다"는 전략은 이론적으로도 소기의 성과를 거두기 힘들다. 이 전략은 "일방적인 '우월전략(dominant strategy)'에 따라 원하는 결과를 선택할 수는 없다"라고 주장하는 게임이론의 기본 원리에 반한다. 설령 설득게임(suasion game)과 같은 특정 게임에서는 상대적으로 강한 게임 참여자가 전략적 우월성을 가지고 원하는 목표를 달성할 수 있을 가능성이 아예 없지는 않으나, 특정 전제조건이 필요하다.[3] 즉 자신의 목표달성을 위해 제재를 통해 상대를 압박하는 전략을 취할 경우에도 최소한 상대 참여자가 그 제재를 진정한 위협으로 받아들여야 한다. 뿐만 아니라, 강한 참여자 역시 제재를 감행함으로써 발생할 비용(예컨대 전쟁을 비롯한 군사력 사용이라는 비용)을 단기적으로 기꺼이 지불할 의지가 있어야만 성공할 수 있다. 북핵문제를 둘러싼 북미협상에 설득게임을 적용할 경우, 미국이 협상에서 북한의 협조시 보상을, 이탈(불협조)시 전쟁까지 불사하겠다는 의지와 준비상황을 확고히 보여주고 북한이 그 의지를 확신하게 된다면, 미국의 군사력에 위협을 느낀 북한이 협력에 동참할 가능성은 높아질 것이다. 문제는 그러한 방식의 게임이 한반도를 전쟁의 소용돌이로 몰고

---

3) 설득게임에 대한 자세한 내용은 다음 논문 참조. Lisa Martine, "The Rational State Choice of Multilateralism," in J.G. Ruggie (ed.), *Multilateralism Matters: The Theory and Praxis of An Institutional Form* (N.Y.: Columbia Univ. Press, 1993), pp. 103-106.

갈 가능성을 높이기 때문에 미국이나 남북한 누구도 감당하기 힘든 것이 아닐 수 없다.

실제로도 한반도 정책이 현실주의적 처방에 전적으로 의존하는 것이 쉽지 않을 뿐만 아니라 그런 처방이 현실적이라고 주장하기조차 어렵게 만드는 여러 종류의 딜레마가 이미 적지 않았다. 첫째로 그러한 딜레마의 기저에는 남한사회에 이미 깊숙이 자리잡은 기능주의적 통일방식에 대한 일종의 국민적 합의가 영향을 미치고 있다. 통일준비를 강조했던 보수의 한반도 정책 역시 1970년대 초 이래로 남한에서 당연시되어왔던 기능주의적 접근을 비판적으로 바라본 적이 없다. 기능주의는 원래 세계평화와 유럽통합을 설명하기 위한 자유주의이론이라는 점에서 아이러니가 아닐 수 없다. 보수의 통일담론에서 현실주의와 상이한 세계관과 방법론을 표방하는 기능주의적 접근이 거부되지 못하는 다른 이유도 있다. 탈냉전시기 국제협력의 제도화가 강조되고 있으며, 동북아 지역에서는 한반도 문제의 평화적 해결이 강조되는 현실에서 힘과 안보를 강조하는 현실주의적 처방에만 의존하는 정책은 대내외적으로 인정받기 어려웠기 때문이다.

두 번째의 딜레마는 북한 핵문제 해결, 북한체제의 개혁·개방 유도, 남북관계 개선, 한반도 평화정착 등을 위해 불가피한 제도의 생성, 유지, 발전이란 과제에서 나타난다. 국제제도의 생성과정에서 때때로 현실주의적 접근이 필요한 경우가 있다. 강대국이 군사력이든 경제력을 기반으로 국제제도의 가입이 이익을 보장하거나 적어도 손해를 끼치지 않을 것이라는 사실을 확신시켜줄 때, 관심을 가진 국가들의 국제제도 가입이 촉진될 수 있기 때문이다. 그렇지만 아무리 권력관계에 의해 형성된 국제제도라고 하더라도 자유주의자들이 말하는 공동의 이익과 공동체 의식이 뒷받침되지 못하면, 유지·발전되기 어렵다. 이는 이론적으로뿐만 아니라 경험적으로 증명된다. 현실주의자들은 제도를 권력자에 의지에 따라 항상 바뀔 수 있는 것으로 간주하기는 하지만, 안보문제의 평화적 해결에 협상과 합의의 제도화가 중요하다는 점을 부인하지는 않는다. 이를 염두에 두면, 북핵문제 해결을 위한 다자회담이 유독 보수정부 시기에 중단되었던 사실에서 현실주의적 한반도 정책의 한계가 여실히 드러난다. 냉전종식 이래 지속되는 북한의 체제생존전략을 감안하면, 어떠한 국제제도적 안전장치 없이 경제지원 및 정치적 안전보장의 약속을 대가로 핵을 포기하는 상호주의 방식에 대해 북한이 동의할 것으로 기대하는 것은 너무나 순진한 생각이다. 따라서 북핵문제에 관한 국제적 다자회담(4자회담, 6자회담 등)에서 그러했듯이 북미관계 개선을 비롯하여 동북아 다자안보협력제도의 형성과 같은 제도적 기반을 만드는 노력은 불가피하다.

셋째로 행위자의 성격과 관련된 딜레마도 있다. 현실주의적 접근은 국가중심적 특징을 갖는다. 그러나 탈냉전시대 한반도 문제를 둘러싼 여러 가지 협력 및 갈등 현상은 단지 국가 차원에 머물지 않는다. 지구화시대의 보편적인 현상, 즉 개인이나 사회집단들이 국경을 넘나들며(transnational) 만들어 가는 국제관계 현상이 한반도에서 일상화되기를 당장 기대하기란 어렵지만, 1990년대 초 남북 교류·협력이 법적으로 규정된 이래 남북관계에서 개인 및 단체의 역할도 결코 무시할 수 없게 되었다. 현대의 금강산관광사업을 비롯하여 개성공단 등 다양한 남북협력사업과 비정부단체들의 대북교류 및 지원사업 등은 남북관계 개선에 다각도로 영향을 끼쳤다. 문제는 이러한 성과들이 2008년 이후 보수정부의 대북압박을 위한 수단으로 활용되었다는 것이다. 즉 북한의 도발이나 잘못된 행동에 대해 여태껏 북한에게 이익을 주었다고 판단되는 교류·협력을 중단함으로써 응징하고자 했다. 이러한 조치는 두 가지 의도치 않았던 부작용을 가져왔다. 첫째, 남북 교류·협력을 통해 일정부분 북한의 식량 및 경제난이 완화됨으로써 북한주민이 얻을 수 있었던 조그만 혜택마저 사라지게 됨에 따라 '북한주민을 위한 대북정책'을 강조했던 보수의 목소리를 무색하게 만드는 결과를 초래했다. 이는 북한인권 문제에 대한 목소리를 높이는 보수 시각의 한계점을 보여준다. 보수는 정치적 기본권으로서의 인권을 강조하지만, 실제로 경제적 기본권으로서의 인권도 중요하다. 특히 북한과 같이 식량과 만성적 경제난에 시달리는 곳에서는 경제적 기본권이 확보되지 못한 상태에서는 정치적 기본권이 북한사회 내부로부터도 실질적 의미를 얻기 어렵다. 더욱이 인권문제는 실천과 가치의 양면을 내포하기 때문에 실질적 문제해결 과정에서 문제제기의 정당성도 큰 영향을 미친다. 그러므로 문제를 제기하는 입장에서도 끊임없는 인권에 대한 자기반성이 필요하다. 요컨대 북한의 인권문제를 제기하는 일은 매우 중요하지만, 실천될 수 있는 문제제기가 필요하다는 점을 감안하면, 보수의 북한 인권의식은 반쪽짜리에 머무는 경향이 있다. 둘째, 북한의 변화를 유도하기 위해서 필요한 다양한 비정부 행위자들의 역할 가능성을 봉쇄했다. 물론 필요에 따라 국가가 개인 및 단체 행위자들의 대북접근을 제한할 수는 있겠지만, 이들이 힘들게 마련한 성과를 응징수단으로 소진시키는 일은 중장기적 시각에서는 결코 바람직하지 못하다.

마지막으로 보수담론의 최대 약점은 현실주의의 궁극적 목표인 현상유지, 즉 세력균형에 의한 평화 구축과 충돌하는 것이다. 보수담론에 내재된 현상변경에 대한 강한 의지는 일견 현실주의적 외교정책으로서의 행위논리로 이해될 수는 있으나, 현실주의의 패러다임에서는 전혀 다른 결과를 초래할 수 있다. 국제체계적 관점에서 현실주의는 현상변경을 위한 행위자들의 권력추구가 의도치 않은 결과인 세력균형으로 귀결된다고 주장한다. 이는 다양한 국제관계 상황에서 국가들의 행위가 결국은 여러 다른 형태로 균형을 이룬다는 게임이론의 논증에서도 입증된다. 현실적으로도 강대국들의 이해관계가 맞물려 있는 동북아 지역에서 일방에 의한 강압정책이 의도대로 관철될 가능성은 생각하기 어렵다. 이에 주목하면, 현실주의를 내세운 남한의 보수는 미국이라는 거인의 어깨 위에서 세상을 바라보는 데 익숙해진 탓에 현실주의가 기본적으로 강대국의 이론이라는 사실을 간과하는 것은 아닌지 되짚어 볼 필요가 있다.

2) 진보담론과 자유주의

진보담론은 자유주의 이론을 추종하는 경향이 강하다. 특히 교류협력의 점진적 확대를 통한 평화정착은, 비록 단기적으로는 현상유지적 성격을 띠지만, 여건조성에 기여함으로써 중장기적으로는 통합의 결실을 맺는다고 주장하는 (신)기능주의 이론에 충실하다. 어쨌든 햇볕정책을 통해서 남북관계는 과거 어느 때보다 개선되었다. 정치적 대화는 물론이고 경제·사회차원에서 교류협력의 제도적 기반이 마련될 수 있었다. 그러나 (신)기능주의는 애초 문화 및 체제성격에서 동질성이 높은 서유럽의 통합을 설명하는 데 적실성을 가진 이론이라는 점을 감안하면, 남북한과 같이 이질적 체제 사이의 통합문제에도 적용될 수 있을지는 의문이다. 신기능주의 이론에 따르면, 정치공동체를 향한 통합이 이루어지기 위해서는 두 가지 전제조건이 필수적이다. 하나는 자율적이고 중립적인 중앙제도이고 다른 하나는 정치 및 사회체제의 유사성이다. 남한의 '(한)민족공동체통일방안'에서는 '남북연합' 단계에서 그러한 중앙제도의 필요성을 강조하고 있으나, 한반도에는 그러한 전제조건이 아직 존재하지 않으며, 과연 가능할

지도 의문시된다. 햇볕정책 이후 통일방안에 관한 관심이 많이 낮아진 데에는 일정부분 그러한 이유가 알게 모르게 작용했다. 어쨌든 이론적 조건이 충족되기 어려운 현실에서 바람직하게 보이는 대안이라는 이유로 신기능주의를 고집하는 것이 적절한지 생각해볼 문제이다.

햇볕정책과 평화번영정책의 추진에도 불구하고 북한 정권은 지속적으로 핵무기를 개발했고, 또 남북 교류·협력이 확대되는 가운데 간헐적으로 국지적 무력도발을 해왔던 현실을 염두에 두면, '민주평화론(democratic peace)'이 진보담론을 더욱 적절하게 뒷받침할 수 있을 듯 보인다. 실제로 햇볕정책은 민주평화론의 창안자인 도일(M. W. Doyle)이 권고[4]하는 비자유민주국가에 대한 자유민주국가의 바람직한 외교정책적 대안으로서 관여정책의 필요성에 공감하고 있다. 그러나 민주평화론은 이론논쟁과 비판의 대상이 되기도 한다. 도일이 제시한 외교적 덕목 내지 처방은 근본적으로 전쟁의 위험을 낮추고 협력을 추구하면, 언젠가는 평화가 정착될 수 있다는 역사의 진보에 대한 믿음과 국제정치사적 통찰력에 기초하는 것일 뿐이며, 그 정책의 추진과정에서 안보와 협력이 구체적으로 어떠한 인과작용을 일으키는가에 대해서는 누구나 동의할 수 있는 설명을 하지 못하고 있기 때문이다.

실제로 햇볕정책을 둘러싼 가장 치열한 논쟁은 이 정책으

---

4) 도일의 권고는 2장 1절 2)항의 과정적 시각을 참조할 것.

로 과연 북한변화가 얼마나 촉진되었는가에 관한 것이다. 햇볕정책이 추진되던 시기동안 북한이 내부적으로 전혀 변화하지 않았다고 주장할 수는 없다. 그러나 그것이 과연 북한체제의 선순환적 변화를 표방하는 분단관리의 목표와 어느 정도 합치하는지에 대해서는 의문이 제기될 수 있다. '퍼주기'란 비판을 온전히 수긍하지 않더라도 남한의 대북 경제협력 및 지원이 북한주민에게 널리 혜택을 주기보다 북한 정권의 체제유지에 주로 활용된 것이 아닌가라는 의구심을 완전히 떨쳐버리기 힘든 것도 사실이다. 특히 지속되는 핵개발과 장거리 미사일 시험발사는 북한 정권이 얼마나 변화하기 어려운지를 보여주는 단적인 증거이다. 뿐만 아니라 남북 간에 괄목할만한 합의들이 있었지만, 항상 그러했듯이 제대로 실천되지 못함으로써 남북관계의 실질적 돌파구가 마련되었다고 평가하기 어려운 부분이 적지 않다.

비자유주의 국가를 변화시키기 위하여 자유주의 국가는 중장기적인 시각에서 인내해야 한다는 도일의 주장을 참조하면, 햇볕정책의 성패는 국내정치에 좌우된다는 결론에 도달한다. 이는 독일통일에서도 어느 정도 입증된다. 즉 브란트(Willy Brandt)의 새로운 동방정책 및 독일정책은, 비록 국내정치적 논란 및 갈등을 초래했으나, 서독 내부의 정권교체와 관계없이 꾸준히 실천됨으로써 소련의 내적 붕괴에 힘입어 소기의 성과를 거둘 수 있다. 이에 비해 햇볕정책과 평화번영정책은 남남갈등을 심화시켰으며, 보수정부로의 정권교체와 함께 더 이상 추진되지 못함으로써 성공을 위한 조건 충족에 실패했다.

이와 같이 햇볕정책과 같은 진보의 분단관리 노력은 짧은 시간 내 소기의 목표달성을 기대하기 어려울 뿐만 아니라, 중장기적으로 어떠한 성과가 나타나더라도 정책과 결과 사이의 인과성을 명확하게 입증하기도 쉽지 않다. 그러므로 진보 정부의 한반도 정책은 추진과정에서 여러 난관들을 마주해야 했고, 이를 돌파하기 위해 정책역량을 소모하지 않을 수 없었다. 난관들은 관점에 따라 달리 해석될 수 있겠지만, 대체로 '주어진 현실'보다 '미래에 대한 기대'에 상대적으로 너무 집착한 태도에서 근본적 발생 원인을 찾을 수 있을 것이다. 이는 자유주의에 내포되어 있는 현실 지향적 접근의 취약성과 무관하지 않는다. 특히 햇볕정책이 국제환경과 조화를 이루지 못한 결과를 낳은 것은 대표적인 사례이다.

동북아 역학관계 속에서 강대국들의 개입을 저지할 수 있는 충분한 역량을 갖추고 있지 못한 남한은 강대국들과 신뢰와 협력의 증진을 바탕으로 상호이해관계의 조화를 꾀함으로써 자신의 입장을 관철시킬 수 있는 거시적이고 중장기적 외교 전략을 강구할 수밖에 없다. 특히 초강대국이며 동맹국인 미국과의 협력관계는 좋든 싫든 간에 매우 중요하다. 문제는 미국의 대한반도 정책이 현실주의적 성향을 강하게 띠고 있기 때문에 우리의 자유주의적 대북정책과 불협화음을 연출할 개연성이 매우 높다는 것이다. 클린턴 행정부 시절 미국이 자유

주의적 관여정책을 표방했음에도 불구하고, 남한정부는 대북
정책을 둘러싸고 미국과 힘든 조율과정을 거쳐야 했다. 더욱
이 현실주의를 표방한 부시 행정부의 출범 이후 한미 간 대북
정책에 관한 이견은 명백히 드러났으며, 특히 북한 핵문제 해
결에 관한 한미 간 이견 내지 갈등이 부각되는 가운데 어렵게
만들어왔던 남북관계의 발전기반이 위태로워지기까지 했다.
이는 트럼프 행정부와 바이든 행정부를 파트너로 경험한 문
재인정부에서도 내용과 정도의 차이는 있을지 몰라도 유사한
모습으로 나타났다.

제3부

한반도 평화와
통일을 위한
실천 과제들

한반도의 평화나 통일을 위한 실천 과제들을 찾기 위해서는 3장의 도표 3.2에서 요약적으로 제시한 차원별 평화의 조건을 상기할 필요가 있다. 이 조건들을 충족하는 실천 과제들은 한반도 문제의 과거를 되돌아보면 비교적 분명하게 드러나기 때문이다. 물론 무엇을 해야 하는지 아는 것과 이를 실천하는 것 사이에는 분명한 간극이 있다. 앞에서 언급한 조건들이 한반도 분단현실에서 단기간 내 충족되기 어렵기 때문에 더욱 그러하다. 어쨌든 실천하기 쉽지 않더라도 한반도 평화정착과 평화통일을 이루기 위해 요구되는 과제가 무엇이지 확인하고 이를 실천하는 노력은 지속되어야 할 것이다. 현실적 제약이 많은 탓에 그 과정은 더욱더 끊임없이 정책적 상상력을 요구한다.

7장

평화적 국제환경 조성: 비핵화와 평화체제 구축

세계 및 지역질서의 변화와 맞물려 한반도 문제해결의 복잡성이 더해지고 있는 상황에서 한국의 한반도 정책은 더욱더 적실성과 일관성을 갖추어야 할 것이다. 한반도 문제 해결을 위한 최적의 국제환경 조건이 동북아 지역에서의 협력을 통한 상호의존의 증대와 평화정착이라는 것은 두말할 필요도 없다. 문제는 그러한 국제환경이 조성되기를 마냥 기다릴 수만 없는 한반도의 현실이다. 한반도에서 북한 핵문제 해결과 한반도 평화체제의 정착이 이루어지지 못한다면, 지속가능한 적극적 평화가 실현될 것을 기대하기는 어렵다. 냉전종식 이후 지금까지의 경험에 비춰보면, 이 과제의 난이도는 매우 높으며, 두 과제가 해결되기 전까지 한반도 평화는 한미동맹에 기댈 수밖에 없어 보인다.

한미동맹은 냉전시기 공산권의 위협으로부터 남한의 안보를 지키는 보루였다. 탈냉전시대에는 동맹을 기반으로 북한의 핵무기를 억제하는 미국의 핵우산이 보장됨으로써 한반도에서 소극적 평화가 가능할 뿐만 아니라, 열강들이 각축하는 동북아에서 한반도의 안보적 취약성이 보완된다. 이것이 동맹국 사이 상호이익 교환의 측면에서 남한이 얻는 이익이라면, 미국이 얻는 이익도 분명히 있다. 냉전시대와 비교해서 한미동맹은 경제교류 및 투자를 통해 동아시아에서 미국이 얻는 경제적 이익 방어에 기여하는 비중이 훨씬 커졌다. 만약 한반도와 동아시아에서 대규모 무력분쟁이나 전쟁이 발생할 경우, 미국의 경제적 손실은 막대할 것이기 때문이다. 이를 포함하여 패권경쟁으로 치닫는 미중갈등에서 한반도의 군사적·경제적 가치는 매우 높다. 그러므로 탈냉전시대에도 미국은 주한미군의 본부를 서해안으로 옮기며 주둔을 유지하고 있다.

한미 간 그러한 동맹의 안보적 이익교환이 한반도 현상유지에 도움을 주는 것은 분명하지만, 북한 핵문제 해결이나 한반도 평화체제 구축에는 일정부분 걸림돌이 되고 있는 것도 부인할 수 없다. 이는 북한이 핵개발을 하게 된 이유를 생각해보면 분명해진다. 북한 정권의 입장에서 한미동맹은 자신의 체제안보에 대한 최대 위협이다. 한미연합훈련에 대해 북한이 항상 신경질적으로 반응하며 강력하게 반발하는 것은 이를 증명한다. 탈냉전시대 동북아 지역질서 변화에 직면하여 북한은 핵무기 개발에 자신의 체제안보를 맡기는 것 이외 다른 대안을 찾지 못했다. 그러므로 한국과 미국이 한반도와 지역안보질서를 위협하는 핵개발을 먼저 포기하라고 북한에 요구하는 데 대해 북한은 거꾸로 자신의 체제안보를 먼저 보장해주면 핵개발을 포기하겠다고 말한다. 북핵문제는 바로 그러한 서로의 요구가 대화를 통해서도 타협점을 찾지 못하며 증폭되어왔다. 북핵문제의 해결은 한반도 정전체제를 평화체제로 전환하는 열쇠 역할을 한다는 점에서 그 중요성을 더하고 있다.

이러한 맥락을 이해한다면, 북핵문제를 평화적으로 해결함으로써 한반도 평화체제를 구축하는 과정에서 현재와 같은 한미동맹이 변함없이 지속될 수 있을 것으로 예상하기 어렵다. 북한이 핵문제를 둘러싸고 미국과의 양자 협상을 고집하고 있지만, 북미 양자합의가 설령 이루어진다고 해도 그 합의내용에 직접적인 이해관계를 가진 국가들, 즉 중국, 일본, 러시아, 그리고 남한의 이익이 배제될 수는 없다. 북한도 핵포기 대신 미국의 안전보장 약속을 확보하더라도 유관국들이 포함된 다자안보협력에 의한 보장 없이 그 약속의 신뢰성을 전적으로 수용하지 않을 것이다. 북한은 한미동맹의 변화를 반드시 요구할 것이며, 북미 합의를 보장하기 위해 요구될 다자안보협력이 성공적으로 구축되기 위해서도 한미동맹을 비롯한 기존의 양자동맹은 질적 변화를 겪지 않을 수 없을 것이다. 특히 한반도 평화체제는 1953년 7월 27일 정전협정 체결에 직간접적으로 관련된 국가들의 참여가 불가피할 것이기 때문에 더욱 그러하다.

문제는 북핵문제 해결과정에서 남한이 주도권을 행사할 여지가 거의 없다는 것이다. 다만 북핵문제가 해결의 실마리를 확보할 경우, 한반도 평화체제 구축의 첫 단추인 평화협정 체결을 위해서는 한국의 일정한 역할이 필요하며 가능하기도 할 것이다. 그러나 평화체제의 지속을 담보하기 위해 필요한 다자안보협력제도의 형성과정은 강대국들의 이해관계에 좌우될 가능성이 높다. 이러한 탓에 핵문제 해결과 평화체제 구축의 불확실성을 이유로 대화와 타협을 포기하고 한미동맹에 의존하여 대북압박을 선택하는 것이 더 현실적이라는 판단도 있을 수 있다. 실제로 과거 한국의 보수정부에서는 그러한 경향을 보이기도 했다. 이러한 선택의 경우, 한반도에는 불안한 평화를 보장할 뿐인 현상유지가 지속되고, 선택의 여지 없이 한미동맹은 유지되는 것은 물론이고 더욱 강화되어야 할 수도 있다. 이처럼 불안한 평화가 지속되는 것에 만족하지 않는다면, 비록 한국이 주도권을 갖지는 못하더라도 북핵문제 해결이나 평화체제 구축을 향한 최대한의 대내외적 노력을 경주해야 한다. 이 과제들은 한국의 미래 핵심적 국가이익과 연관된 것이기 때문에 더욱 그러하다. 그렇다면 근시안적 이해관계내지 정파적 이익에 얽매이지 말고, 더욱 먼 장래에 대한 비전에 부합하는 국가전략의 틀 속에서 해법을 찾고 추진해야 할 것이다. 이를 향한 노력이 어려울수록 일관된 정책추진이 더욱더 필요한 것은 두말할 나위가 없다.

1. 북핵문제 해결

1990년대 초반 북핵문제가 부각된 이후 여러 방법으로 문제 해결을 위한 대안들이 강구되어왔다. 처음에는 남북한 사이에 '비핵화공동선언'을 통해 해결이 시도되었으나, 북한이 '핵비확산조약(NPT: Nuclear nonproliferation treaty)' 탈퇴 등의 강경한 태도를 보이면서 미국의 직접적 관여가 시작되었다. 1994년 '북미제네바합의'가 대표적이다. 실제로 북한은 핵개발이 체제보장과 직결된 것이니만큼 세계패권국가인 미국과 담판을 지으려는 강력한 의사를 표명해왔다. 그러나 미국은 양자협상에 대해 부담을 안고 있었다. 우선 타협점을 찾기 쉽지 않은 북한과의 양자협상은 미국의 대외정책적 위상에 적합하지 않았다. 또한, 미국은 탈냉전 초기 세계경찰국가로서의 역할에 매우 회의적이기도 했으며, 북핵문제의 해결과 관련하여 동북아 지역 국가들의 이익을 고려할 필요가 있었다. 더욱이 문제해결을 위해 필요한 재원을 유관국들이 분담하는 것을 선호했다. 이에 따라 북핵문제를 둘러싼 협상은 다자적 방식으로 바뀌었다.

김영삼정부 시절 남북한과 미국, 중국이 참여하는 '4자회담'이 시작되었다. 그러나 다자회담은 지지부진하게 진행되었다. 클린턴 미 행정부가 임기를 마칠 무렵, 미국은 북한과 고위급을 교환방문하고 정상 간 서신교환을 하는 등 협상타결을 시도했으나, 임기 말이라는 한계 탓에 지속되지 못했다. 노무현정부 출범 이후 다시 다자회담이 재개되었다. 이전과 달리 러시아와 일본을 포함시킨 '6자회담' 방식으로 이루어졌다. 6자회담은 '9·19 합의'와 같은 의미있는 성과를 거두었으나, 실천을 담보하지 못했고, 그 이듬해 북한은 1차 핵실험을 감행함으로써 사실상 '6자회담'도 허수아비 신세가 되었다. 이러한 상황에서 북한은 핵·장거리미사일 실험을 반복했고, 미국은 그때마다 직접적으로는 물론이고 유엔을 통해 대북제재 수준을 높여 나가는 한편, '완전하고, 검증 가능하며, 돌이킬 수 없는 해체(CVID: Complete, Verifiable, Irreversible Dismantlement)'라는 북핵문제 해결원칙에 북한이 동의하는 것을 전제로 대화 재개 용의가 있다는 의사를 표명했다. 이에 대해 북한은 향후 북미회담에서 양국의 핵군축협상을 주요 의제로 삼아야 한다고 주장했다. 이러한 상황에서 북미 대화나 협상이 재개되기란 쉽지 않았다.

2017년 미국이 북핵문제를 새롭게 인식하게 되는 상황이 발생했다. 미국에서는 스스로 협상의 귀재라고 자부하는 트럼프 대통령이 등장하면서 오바마 미 행정부와 차별화하는 대북정책을 추진하고자 했다. 처음에는 북한에 대해 매우 강압적인 태도를 보였으나, 북한의 핵·장거리미사일 실험 결과를 접하면서 남한의 대화주선을 수용했다. 북한이 5차 및 6차 핵실험을 통해 소형화된 핵탄두를 과시했고, 11월 말 '화성-15'라는 장거리 미사일 실험발사를 성공시켰을 뿐만 아니라 잠수함발사미사일(SLBM: submarine-launched ballistic missile) 실험에 박차를 가하는 상황은 미국정부가 북한과의 대화 필요성을 느끼게 만들었다. 이전과 달리 북한이 장거리 미사일을 보유하게 되었고 핵탄두 소형화를 달성함에 따라 북한의 핵무기가 미국 본토를 공격할 수 있게 된 탓이다.

이처럼 북한 핵이 미국안보를 직접 위협하게 되면서 미국은 더 이상 '전략적 인내'를 유지할 수 없게 되었고, 문제해결을 위해 전쟁이나 협상 중에 하나를 선택해야 하는 시점에 도달했다. 과거에도 여러 차례 언급되었듯이 외과수술 하듯이 북한 핵시설만을 폭격하는 방법도 있으나, 이 경우 한반도에서 전면전의 발발을 감수해야 하는 큰 위험성이 있기 때문에 미국으로서는 협상을 선택하는 것이 더욱 합리적이라 사실은 의문의 여지가 없다. 그렇지만 강대국은 협상력을 높이기 위해 통상적으로 무력사용 가능성을 열어놓는다는 것은 잘 알려진 사실이다. 미국도 무력사용 가능성을 항상 협상테이블 아래에 놓아두지만, 한반도와 동북아 지역 안보현실의 복잡성 탓에 협상의 중단이 바로 전쟁으로 이어지기는 매우 어렵다.

미국과 북한이 협상에 앞서 각각 최대목표와 최소목표를 설정했을 것은 의문의 여지가 없다. 미국의 최대목표는 항상 공언해왔듯이 CVID, 또는 이것을 약간 수정한 '최종적이고 완전히 검증된 핵 폐기(FFVD: final, fully verified denuclearization)'였고, 이는 앞으로도 그러할 것이다. 최소목표는 일반적으로 공개하지 않기 때문에 상황 판단을 기반으로 추론할 수밖에 없으나, 대체로 북한의 핵·장거리미사일 개발 및 실험을 동결하는 것일 가능성이 높다. 물론 최소목표는 그 자체로서 최종적인 목표라기보다 최대목표를 이루기 위한 잠정적인 것으로서 북한 핵의 미국 본토 위협을 일단 중단시킬 필요성에 따른 것이다. 이와 비교하여 북한의 최대목표는 핵보유국 지위를 미국으로부터 인정받는 것이다. 최소목표는 비핵화이지만, 그동안 북한당국의 발표나 행위를 미루어볼 때 미국이나 남한이 생각하는 완전한 비핵화가 아니라 북한이 체제안전을 확신할 수 있는 환경이 정착되기까지 언제든 다시 핵무기와 장거리미사일을 만들 수 있는 능력을 유지하면서 이미 개발한 핵과 장거리 미사일을 점진적으로 폐기하는 것으로 추론된다. 다만 이것도 미국의 최소목표와 유사하게 협상타결여부와 이후 상황의 전개에 따라가 변화할 수 있다는 점에서 잠정적이다. 이처럼 미국이나 북한의 최소목표가 잠정적 성격을 띠는 이유는 그만큼 북핵협상이 단숨에 끝나지 않을 것이며, 해결과정에서 여러 구체적 이슈들에 대한 추가 협상이 적지 않은 시간을 거치며 이루어질 수밖에 없다는 생각 때문이다.

표 7.1은 미국과 북한이 각각 최대 및 최소목표를 가지고 협상에 임했을 경우, 당분간 전개될 것으로 예상되는 협상국면을 단순화한 것이다. 이 표는 기존의 협상은 물론이고 향후

표 7.1 북미 비핵화 협상의 예상 국면

미국 북한	최대목표 CVID(FFVD) 방식의 핵 폐기	최소목표 핵·장거리미사일 동결
최대목표 **핵보유국 지위 획득**	I	IV
최소목표 **비핵화(북한기준)**	II	III

북미협상의 전개 방향을 전망해보는 데 도움을 줄 수 있다. 표에서 표시된 제I국면은 6자회담이 중단된 이후 2017년 말까지 북미 간 외교적 말싸움에서 드러난 것처럼 협상의 교착 상태(Deadlock)이다. 그렇지만 이 국면을 과거의 일로 치부할 것만은 아니다. 향후 북미협상이 순조롭게 진행되지 못할 경우, 다시금 발생할 가능성은 언제나 열려있다.

제II국면은 미국이 북한에 대한 압박과 회유를 통한 설득이 성공적인 결과를 거두는 상황을 의미한다. 이는 북핵문제를 해결하는 과정에서 가장 중요한 전환점을 마련함으로써 평화협정 체결을 비롯하여 한반도 평화체제 구축의 길을 열게 될 것이다. 그러나 현재의 북미관계 속에서 제II국면이 조만간 현실화되기는 어려울 것으로 판단된다. 이는 싱가포르 및 하노이 북미정상회담에서 입증된다.

아마도 북한이 당장 원하는 북미협상은 제III국면일 것이다. 2018년 싱가포르 1차 북미정상회담이 개최될 당시 미국은 일괄타결을, 북한은 단계적·병행적 접근을 주장했다. 싱가포르 회담은 일단 단계적·병행적 접근을 미국이 수용할 의사를 표명함으로써 시작되었으나, 하노이 2차 정상회담에서 미국은 일괄타결로 회귀함으로써 성과를 거두지 못했다. 그렇다면 향후 북미협상이 재개된다는 것은 어떠한 외교적 수사를 사용하든 실제로 제III국면을 거치게 될 것이라는 점을 추론케 한다. 현실적으로 검증 등 기술적 측면에서도 일괄타결은 쉽지 않다. 서류상의 일괄타결이 아니라 실천에 주목하면 문제해결과정은 단계적으로 이루어질 수밖에 없다는 점에서 제III국면은 과정으로서 중요하다.

제IV국면은 현실화되기 가장 어려울 것으로 보인다. 이 경우 북한의 기존 핵동결을 전제로 더 이상의 개발 및 실험은 막을 수 있지만, 북한을 핵보유국으로 인정하는 꼴이 된다. 이는 동북아는 물론이고 세계적 핵확산의 단초가 될 수 있다는 점에서 실현 가능성이 매우 낮다.

이미 앞에서 암시했듯이 북미협상은 어떠한 한 국면에서 종결될 수는 없을 것이다. 문제해결을 지향한다면, 가장 바람직한 흐름은 제I국면의 교착상태를 넘어서 제III국면에서 협상을 진행시키면서 점차적으로 제II국면으로 나아가는 것이다. 각 국면 전환과정에서 북한의 입장변화를 강요하거나 유도하는 것이 필요하다. 여태까지의 경험으로 판단할 때, 북한을 강요하여 국면을 전환하기란 여간 어렵지 않다. 특히 대북제재를 통한 강요는 성공하기가 쉽지 않다. 무릇 모든 제재에는 피할 구멍이 있기 때문에 높은 효과를 기대하기 어렵다. 더욱이 전체주의체제에서 북한 정권은 북한주민을 희생하며 국제제재에 버티고 있다. 이를 감안할 때, 국면전환 과정에서 북한과 미국에 대한 남한의 설득 내지 중재 노력이 매우 중요한 역할을 할 수 있다. 특히 북핵문제의 해결과 한반도 평화체제 구축의 연결을 위해서는 제III국면에서 제II국면으로 전환과정이 매우 중요하다. 나아가 전환과정이 순조롭게 진행될 경우에는 완전한 비핵화와 정전체제의 평화체제로의 전환도 빠르게 이루어질 수 있다. 이 과정에서 북한과 미국이 단계적·병행적으로 서로 내어놓을 카드를 정리하면, 표 7.2와 같이 정리해볼 수 있다.

표 7.2는 우선 미국과 북한의 최대목표나 협상의 동기와 상관없이 협상타결이 이루어지기 위해 필요한 과정을 압축적으로 정리한 것이다. 현실에서 진행과정은 더욱 복잡하게 전개될 것이며, 나아가 항상 진전만 있는 것이 아니라 후퇴도 가능하다. 단계적·병행적 접근에는 약속을 지키지 못할 경우를 대비한 안전장치로서 되돌림, 즉 스냅백(snap back)이 준비될 개연성이 높기 때문이다.

어쨌든 표 7.2의 기본적 생각을 간단히 설명하자면, 일차적으로 양국이 서로에게 당장 원하는 것, 즉 북한의 핵·장거리미사일 개발 중단과 이에 대해 미국은 한미연합군사훈련 중단을 교환하는 것에서 타협의 시발점이 이루어질 것이다. 실제로 싱가포르 정상회담을 전후하여 북한의 핵·장거리미사일 실험은 계속 중단상태에 있으며, 한미연합군사훈련도 하

표 7.2 북미 비핵화 협상의 단계적 해결 이슈들

북한	미국
핵·장거리미사일 개발 중단	한미연합군사훈련 중단(잠정)
북미 간 비핵화 로드맵 합의	
NPT/IAEA 재가입(북한 핵 신고)	대북제재 단계적 완화 시작
신고 핵·미사일 해외반출	대북제재의 추가적 해제
핵시설 불능화 및 검증	평화협정 체결(유관국 포함)
〈정전체제의 평화체제로 전환〉	
FFVD/ CVD(많은 시간이 소요되는 I은 지속)	북일 및 북미수교
동북아 다자안보 및 협력 질서 구축	

노이정상회담 직후까지 중단되었다가 재개되었으나 그 규모
와 횟수는 북미정상회담 이전과 비교하여 훨씬 축소되었다.
이에 따라 한미 전시작전권 이양을 위해 요구되는 최소한의
훈련도 어려운 실정이다. 트럼프 미 행정부 이후 북미정상회
담이 언제 다시 열릴지는 불명확하지만, 적어도 실무협상은
북미가 원하면 언제든지 재개될 것이다. 이 경우 북한의 핵·
장거리미사일 실험과 한미연합군사훈련의 중단은 협상 재개
의 최소 조건이 될 것이다.

북미협상이 진전되기 위해서는 무엇보다 상호타협을 통해
북한의 비핵화 내지 한반도 비핵화의 로드맵을 확정해야 한
다. 이 과정에서 북한은 비핵화를 한반도 전역을 대상으로 삼
아야 한다는 의미의 '한반도 비핵화'를 주장할 것으로 예상되

며, 북한의 비핵화에 상응하여 미군의 핵전략 무기의 한반도 전개 등 미국의 핵우산 포기문제가 포함될 수 있다. 북한이 비핵화를 성실하게 이행하는 것을 전제로 로드맵의 마지막 어느 부분에서 북한 요구를 수용하는 것은 충분히 가능해 보인다. 어쨌든 북미협상의 첫 번째 고비는 합의된 로드맵을 만들어 내는 것이다.

로드맵 합의에서 중요한 내용은 북한이 NPT와 IAEA에 재가입 함으로써 핵무기 및 물질을 신고하는 것과 이에 대한 보상으로서 대북제재의 해제 수준을 정하는 것을 필두로 북한이 신고 핵무기와 물질을 파기 내지 해외로 이전하는 대가로 대북제재를 온전히 해제하는 것, 그리고 핵시설 불능화와 검증을 제대로 받는 것을 조건으로 평화협정을 체결하는 것이다. 평화협정 체결을 위한 협상은 당연히 비핵화 협상과는 별개로 개최될 것이지만, 비핵화 협상과 긴밀한 연계 속에서 이루어지게 될 것이다. 평화협정에는 정전협정에 직간접적으로 연관된 국가들이 참여할 것으로 예상된다. 평화협정의 체결로 마침내 정전체제가 평화체제로 전환될 수 있는 국제법적 기반이 마련될 수 있다. 어쨌든 일단 로드맵이 확정되면, 이후로는 실천과 검증의 시간이 될 것이다. 평화협정 체결 이후 검증을 위해서 적지 않은 시간이 걸릴 것이다. 미국의 어떤 핵전문가에 따르면, 북한의 핵물질을 완전하게 검증하는 데는 최소 7년에서 최대 30년이 소요될 수 있다고 한다.

평화협정이 체결된다고 곧 평화체제가 정착된다는 것을 의미하지는 않으며 진정한 평화체제 구축의 출발점이 될 뿐이다. 평화체제가 정착되기 위해서는 제도적 기틀이 갖춰져야 하며, 이러한 과정을 통해 참여국 사이에 신뢰가 증진되어야 한다. 제도적 기틀의 마련이란 맥락에서 북미와 북일 사이에 수교를 비롯하여 평화협정의 내용을 보장해줄 수 있는 다자안보협력체가 탄생될 필요가 있다. 애초 북핵문제가 군사적인 협상의 대상이었지만, 평화협정이 체결된 이후 평화체제가 공고화되려면 북한이 경제적으로나 사회문화적으로나 개방되고 발전할 수 있는 기회가 충분히 주어져야 할 것이다. 따라서 단지 안보차원에 국한되지 않고, 경제와 사회문화를 포괄하는 다자협력제도들에 북한이 동참하도록 독려해야 해야 한다.

2. 한반도 평화체제 구축

앞에서 언급했듯이 북핵문제의 해결과 한반도 평화체제 구축은 필연적으로 연계될 수밖에 없다. 평화체제는 핵합의가 제대로 실천될 수 있기 위한 최적의 조건을 만들 수 있기 때문이다. 원래 한반도 평화체제라는 개념은 1972년 '7·4 남북공동성명' 이후 정전협정을 평화협정으로 대체한 이후의 한반도 질서를 의미하는 국제법적 성격의 것이었다. 그렇지만 냉전이 종식된 이후에는 평화협정을 넘어 적극적 평화의 맥락에서 한반도 평화를 정착시킬 수 있는 과정적 성격의 어떠한 질서라는 의미를 갖기 시작했다. 이와 달리 한반도 분단 및 정전협정 체결 관련국들은 자국 이익의 관점에서 한반도 평화체제를 각각 달리 해석하기도 한다. 북한은 정전체제를 대신하여 북미 간 적대관계를 해소할 수 있는 '새로운 평화보장체계'의 수립을 요구하며 북미평화협정 체결, 남북 군비감축, 주한미군 철수 및 미국에 대한 핵우산 제공 중단 등을 조건으로 내걸기도 한다. 남한 내부에서도 보수진영은 과정적 성격의 평화체제가 통일에 대해 별로 말해주는 것이 없다는 점을 들어 평화체제란 말 자체를 애써 외면하며, '포스트 정전체제'라고 표현하기도 한다. 이에 따라 중립적인 표현으로서 '한반도평화프로세스'라는 표현이 사용되기도 하지만, 이 표현으로 제도적 성격이 내재된 한반도 평화체제 개념을 온전히 대체하기는 어렵다.

한반도 평화체제 개념에 대해 여러 이견이 있음에도 불구하고 이 개념에 담겨있는 기본적 목표는 분명하다. 즉 한반도 평화공존을 바탕으로 평화통일을 촉진할 수 있는 기반을 창출하는 것이다. 이러한 것은 평화협정만으로 만들어질 수 없다. 평화협정은 평화체제 구축을 위한 필요조건이긴 하지만, 충분조건은 아니기 때문이다. 이렇듯 한반도 평화체제에 대한 다양한 이해가 빚어내는 혼란스러움을 극복하기 위해서는 그 기본 목표에 적합하게 포괄적이고 보편적인 개념화 작업이 우선적으로 필요할 듯하다. 이 맥락에서 필자는 다음과 같이 규정하고자 한다. 한반도 평화체제란 "한반도 분단 및 한국전쟁의 당사국들이 화해를 통해 적대관계를 해소하고, 상호 존중과 협력을 바탕으로 한반도에서 평화공존을 이룰 수 있는 어떠한 제도적 질서로서 궁극적으로는 평화통일을 촉진하는 전제조건들을 창출하는 과정"이다.

이러한 개념규정을 적용하면, 한반도 평화체제에는 국제법적 형식규범 차원을 넘어서 실질적으로 기능할 수 있는 제도의 확립이 요구된다. 제도화의 일차적 관문은 실효성과 적합성을 가진 평화협정의 체결 여부이다. 평화협정과 후속 제도화 과정에서 눈여겨봐야 할 것은 제도의 속성이다. 모든 제도는 규칙을 제공함으로써 무엇을 하지 말아야 한다는 규제적 속성을 가지고 있는 한편, 이 규칙을 적용함으로써 새로운 행위들이 구성될 수 있는 기반으로 작용하기도 한다. 쉬운 이해를 위해 바둑게임을 예를 들어보자. 바둑의 규칙은 몇 개 되지 않으며 매우 단순하다. 그렇지만 규칙을 지킴으로써 게임의 수많은 전략과 전술이 구성되며, 계산하기 어려울 정도로 많은 경우의 수가 발생한다. 흔히 제도는 규제를 위한 규칙 제공자로 이해되는 데 비해, 새로운 행위를 구성하는 기반으로서는 크게 주목받지 못하는 경향이 있다. 한반도 평화체제 구축과 관련하여 전자의 제도 속성은 주로 평화협정의 실효성 담보, 즉 협정위반을 효과적 제재함으로써 위반을 방지할 수 있는 방법과 관련된 것이다. 이에 비해 후자의 제도 성격은 평화를 증진하고, 이를 통해 통일의 기반을 만드는 것과 관련되어 있다.

그렇다면 한편으로 한반도 평화체제는 현실주의의 주 관

심, 즉 어떠한 안보질서를 마련하는 것이 바람직한지의 시각에서 바라볼 필요가 있다. 현실적으로 핵문제 등 현재의 갈등 해결과 평화협정 체결 방법으로서 양자 또는 다자의 방식을 생각할 수 있다. 양자로는 남북 또는 북미 사이의 합의가, 다자로는 이미 경험했던 4자 또는 6자 합의가 가능할 것이다. 그렇지만 양자 간 합의가 이루어진다고 해서 실천이 보장될 것이라는 확신은 누구도 가지기 어렵다. 국가 간 합의가 실천되지 못한 역사적 사례는 무수히 많다. 이러한 점을 충분히 감안하여, 2005년 6자회담에서 도출된 소위 '9·19 공동성명'에는 비핵화를 위해 북한의 핵포기와 이에 상응하는 미국의 대북 핵사용 포기와 더불어, 6개국은 한반도의 항구적 평화체제에 관한 협상을 별도로 가질 것이라고 명시되어 있다. 이처럼 한반도 평화체제가 확립되기 위해서 다자적 보장방식이 불가피하다는 점을 모든 유관국들이 잘 알고 있다. 이처럼 북핵문제 해결을 위한 북미양자 합의가 이루어지더라도 실천을 위해서는 규칙의 준수를 보장하는 다자적 제도가 필수적이다. 특히 냉전종식 이후 미국이 규칙제정과 관리를 책임지고 여타 국가들이 이에 순응하는 형태의 패권질서가 점차 약화되는 동북아에서 그러한 필요성은 더욱 커지고 있다.

다른 한편으로 새로운 행위 구성의 기반을 제공하는 제도의 속성에서 바라보면, 한반도 평화체제가 다양한 차원 및 분야에서의 협력을 통하여 평화의 선순환을 증진하기 위해서 필요한 것이 무엇이지 생각해봐야 한다. 이와 관련하여 역사적 제도주의가 말하는 경로의존(path dependence)[1]이 적절한 설명을 해줄 수 있을 것으로 보인다. 군사적 안보질서 확립에 그치지 않고 포괄적 안보의 측면에서 동북아 지역 국가들 사이에 상호이해의 폭을 넓히고 정치·경제·사회·문화 등 모든 분야의 교류·협력 활성화를 가능케 하는 협력기제들을 형성하고 작동시키는 제도적 발전이 필요하기 때문이다. 물론 지역갈등이 확대될 경우에 협력을 통한 평화와는 전혀 다른 방향의 경로가 만들어질 가능성도 있다. 따라서 다자안보협력의 첫 단추가 매우 중요하다. 지구화를 통해 국가들 사이의 경제관계가 복잡한 연계성을 띠게 되었을 뿐만 아니라 인적 및 사회문화적 교류가 확대되어왔다는 점에서는 긍정적인 전망도 가능하지만, 코로나19 팬데믹 이후에도 이전의 지구화 추세가 지속될 수 있을지 여부와 미중갈등이 본격적인 패권경쟁으로 치달을 수 있는 가능성 등 부정적 전망도 배제할 수 없다. 이러한 현실을 고려하면, 평화체제 구축의 여건조성과 관련하여 남북관계의 기여도가 증대해야 될 필요성이 높아질 수 있다.

---

1) 역사적 제도주의에 따르면, 제도는 어떠한 시점에 형성된 이후 특정 경로를 따라 지속된다. 사람이나 사회를 막론하고 한번 형성된 규범이나 문화가 쉽게 바뀌지 않는다는 것에 주목하면, 충분히 이해될 수 있다. 단, 그 경로는 영원불변이 아니라 어떠한 계기로 외부 충격을 받아 경로변화의 분기점이 만들어지며, 여기서 나타나는 여러 대안들 중에 선택된 새로운 제도는 새로운 경로를 따라 역사를 진전시킨다.

이러한 가능성 및 전망들을 종합해보면, 한반도 평화체제가 진정으로 평화공존을 가능케 하고 평화통일을 촉진하는 전제 조건을 만들어나가는 과정에는 크게 두 개의 변곡점(또는 분기점)이 예상된다. 첫 번째는 북미 비핵화 협상의 진전과 이에 따른 평화협정의 체결이고, 두 번째는 미중관계의 재정립이다. 그리고 이러한 변곡점을 야기하는 주요 변인은 미중 패권경쟁을 비롯한 동북아 안보질서의 변화 압력, 여기에 내포된 포괄적 안보개념의 확장에 따른 경제 및 환경안보의 중요성 증대, 그리고 지역 차원의 공동·협력안보의 필요성 증대 등이다. 이에 따라 한반도 평화체제가 구축되는 과정을 경로의존의 개념으로 도식화하면 도표 7.1과 같다.

도표 7.1을 자세히 설명하자면, 휴전협정 이후 지속되어온 정전체제는 경로 ①로 표기될 수 있다. 변곡점 1은 북미 비핵화 협상이 타결되고 평화협정이 체결되는 것을 의미한다. 특

도표 7.1 한반도 평화체제 구축의 경로 의존적 흐름

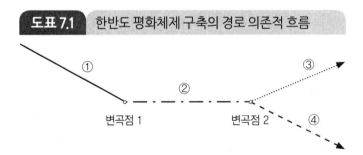

설명 변곡점 1: 북미 비핵화 협상 타결(평화협정), 변곡점 2: 미중관계의 재정립
①: 정전체제, ②: 양자와 다자의 중층적·포괄적 안보·협력체제(평화체제) 형성,
③: 중층적 다자안보 · 협력 확립, ④: 안보공동체 형성

히 평화협정 체결과 관련하여 정전체제의 종식을 알리는 '종전선언'을 언제 할 것인지를 두고 이견이 있다. 즉 종전선언이 평화협정 체결의 입구가 되어야 할지 아니면 출구가 되어야 할지에 대한 논란이다. 남한의 진보정부는 북한의 적극적 참여를 유인하기 위해서 선 종전선언, 후 평화협정 체결(입구론)의 필요성을 강조하나, 보수정부와 미국은 선 평화협정 체결, 후 종전선언(출구론)을 선호한다. 어떠한 경우이든 평화협정에 관한 협상은 북미 비핵화 협상과 같이 진행될 것이고 비핵화 로드맵에 관한 합의는 평화협정 체결을 가속화 시킬 것으로 판단된다. 일단 북미 비핵화 협상의 큰 틀이 합의되고 평화협정이 체결되는 것을 기점으로 경로 ②와 같이 비핵화 과정이 단계적으로 실천되기 시작하면, 제기될 일차적 문제는 북한 체제보장이다. 여기서 관건은 북한이 수용할 수 있는 체제보장의 방식 문제이다. 이와 관련하여 지역강대국들이 참여하는 다자안보협력의 방식은 불가피할 것이며, 이미 북핵문제를 위해 시도되었던 6자 방식의 다자안보협력이 가장 유력하다.

그러나 6자 안보협력체를 통한 북한 체제보장이 미중 대결구도로 재편되고 있는 기존의 지역 동맹관계나 소다자주의 안보협력을 대체하기는 어려울 수 있다. 또한, 북한 체제보장은 단지 군사적 차원에만 국한되지 않으며, 북한이 핵무기를 포기하는 대가로 경제발전의 충분한 기회를 줄 수 있는 일종의 대북 마샬플랜(Marshall Plan)이 동반되어야 할 것이다.

아마도 과거 '한반도 에너지 개발기구(KEDO)'와 유사한 형태로 동북아 지역 국가들의 대북지원 국제컨소시엄이 구성될 가능성이 높다. 그렇지만 이러한 컨소시엄은 KEDO와 달리 정치적인 이유뿐만 아니라 동북아 경제권의 밝은 전망 탓에 향후 경제적 이익을 두고 주도권 경쟁이 예상된다. 특히 미국은 자국의 재정부담을 최소화하되 국제개발은행들(IBRD와 ADB)을 등에 업거나 민간기업을 통해 적극 참여할 것이고, 중국은 '아시아인프라투자은행(AIIB: Asian Infrastructure Investment Bank)'을 활용하여 '일대일로'의 맥락에서 참여하려 함으로써 경쟁이 발생할 수 있다. 요컨대 북한 비핵화 협상 타결 이후 단계적 실천이 일정한 시간 동안 진행되는 경로 ②에서는 기존의 양자 동맹체계와 새로운 소다자안보 및 협력기구가 생성되면서 중층적이고 포괄적 협력체제가 형성될 개연성이 매우 높다. 이러한 협력이 얼마나 심화될 수 있을지는 당연히 미중관계에 달려 있다.

트럼프 미 행정부에서 표면으로 돌출된 미중갈등이 적나라한 패권경쟁으로 치닫거나 아니면 새로운 협력을 모색하며 세계질서를 공동으로 주도해 나갈지가 확인되는 시점에서 새로운 변곡점이 태동할 것이다. 미중 패권경쟁이 격화함으로써 두 번째 변곡점이 형성된다면, 첫째 변곡점 이후 진전되던 한반도 평화체제의 형성과정에 일대 변화가 발생할 것이며, 위 도표에서는 경로 ③으로 표기된다. 일단 미중 패권경쟁이 격화되면, 경로 ②에서 생성되었던 중층적이고 포괄적인 안보협력체제가 흔들릴 것은 분명하다. 그렇지만 경로 ②의 진전 과정에서 북한의 만족도가 높고 이에 따라 남북관계의 상호의존성도 높아진다면, 미중 패권경쟁에도 불구하고 경로 ②에서 정착된 안보·협력체제는 비교적 안정적으로 유지될 개연성이 높다. 이에 반해 북한의 만족도가 높지 못한 경우, 북한 정권은 미중경쟁을 활용하여 체제유지를 강화하려는 유혹에 빠질 것이고, 미중은 이를 상호경쟁과정에 기꺼이 활용하려 할 것이다. 다만 어떠한 경우에도 미중 패권경쟁 게임이 어느 한 편의 승리로 귀결되지 않는 한, 한반도에서 어느 강대국에 유리한 현상변경보다는 양대국에게 차선으로 여겨지는 현상유지가 지속될 개연성이 매우 높다. 이러한 점을 고려하면, 경로 ③의 한반도 평화체제는 경로 ②에서 지속해온 중층적·포괄적 안보·협력체제가 약간 변형된 모습의 다자안보·협력체제를 탄생시킬 수 있을 것으로 전망된다. 미중 패권경쟁이 격화되면, 소다자 협력을 자국에 유리하게 도구화하려는 미중의 전략 탓에 경로 ②에서 형성된 소다자 협력이 지속되기 힘든 상황이 전개될 수 있으나, 대신에 패권경쟁이 지속되면, 이를 완충하기 위해 '유럽안보협력회의(CSCE: Conference on Security and Cooperation in Europe)'와 같은 '동북아안보협력회의(CSCNEA: Conference on Security and Cooperation in Northeast Asia)'가 탄생할 가능성도 예상된다.

경로 ③으로의 흐름과 달리 미중갈등이 완화되고 새로운 협력의 시대가 열리게 되면, 변곡점 2에서는 한반도 평화체제의 밝은 미래를 보장하는 경로 ④로 이행할 수 있을 것이다. 여기서는 경로 ②에서 생성되기 시작한 한반도 평화체제가 동북아는 물론 아시아·태평양 지역의 안보협력을 강화하는 계기로 작용할 수 있다. 이 과정에서 경로 ②의 중층적·포괄적 안보·협력체제는 동북아 지역에서 안보공동체를 지향하며 변화할 것이고, 변곡점 2를 거치며 양자동맹은 소다자 안보·협력체로 대체되면서 발전적 해체를 하게 될 전망이다. 물론 안보공동체는 참여국 사이에 유사한 정치·경제·사회·문화체제를 전제로 하기 때문에 동북아에서 짧은 시간내 형성될 것을 기대하기는 어렵지만, 적어도 특정 분야에서부터 지역정체성이 형성될 수 있다면, 그러할 개연성은 장기적으로 열려있다. 그렇게 된다면, 한반도 평화체제는 심화될 수 있을 것이고, 더불어 평화통일의 전제조건들이 충족될 수 있을 것은 분명하다.

한민족에게는 경로 ④가 매우 바람직하지만, 가능성은 경로 ③이 높을 것으로 판단된다. 어떠한 경우에도 경로 ②를 잘 관리한다면, 최악의 상황은 피할 수 있으며, 향후 세계질서 변화에 따라 새로운 가능성이 열릴 수도 있을 것이다. 당장은 변곡점 1이 조속히 다가올 수 있도록 한국정부는 주어진 제약에도 불구하고 최선의 노력을 경주해야 한다.

3. 한국의 과제

북핵문제나 한반도 평화체제 구축을 위해 한국정부가 할 수 있는 일이 매우 제약되어 있음은 익히 잘 알려진 사실이다. 그럼에도 북핵문제가 한반도의 불안정을 증가시키면 동북아 질서 역시 크게 동요될 수 있다는 점을 잊지 말아야 한다. 따라서 미국과 중국이 한반도 문제와 관련하여 대립보다 협력을 선택하는 것이 모두에게 이익이라는 점을 분명히 깨닫도록 하는 외교적 노력이 항상 요구된다. 뿐만 아니라 북한에 대해서도 외부세계와의 단절을 중단하고 개방을 선택할 수 있도록 설득하고, 그러한 방향의 교류·협력이 이루어지도록 최대한 노력하는 것이 필요하다. 사실 북한의 대외적 고립은 체제유지에 대한 자신감을 더욱 약화시키는 주요 요인이다. 체제유지에 대한 자신감을 갖지 못하는 동안, 북한 정권은 외부세계와 적극적으로 대화하는 것을 주저할 수밖에 없다. 북한의 고립 탈피는 현실적으로 북미관계의 개선을 통해 비로소 가능한 것이고, 양국관계 개선은 북한의 대량살상무기 개발·보유 문제의 해결과 더불어 비로소 시작될 수 있다. 따라서 한국정부는 미국과 북한에 대해 다자든 양자든 간에 협상을 통한 타협책 모색을 직·간접적으로 촉구해야 한다. 한반도의 안보적 불안정 억제를 위해 동맹관계와 남북관계의 양면에서 상호신뢰를 증진하는 노력이 매우 중요하다. 그러할 때, 북한 핵문제 해결 및 북미관계 개선과정에서 한국의 역할이 영향력을 발휘할 수 있다.

만약 근시안적 이익에 매몰되어 환경조건을 핑계 삼아 그러한 노력을 포기한다면, 북한 핵문제와 한반도 평화정착 문제가 한민족의 뜻에 따라 해결될 수 있을 것으로 기대하기는 어렵다. 한반도 문제는 세계적 및 지역적 차원에서 미국과 중국을 중심으로 지역강대국 간 잠재적 경쟁과 협조 구도에 영향을 받는 탓에 민족적 차원의 이익은 강대국들의 이익에 의해 희생될 개연성이 매우 높기 때문이다. 만약 지역적 차원의 다자안보·협력체제가 만들어지고 한반도 문제가 이 틀 속에 편입된다면, 한반도 평화정착을 구조적으로 가로막아왔던 문제들의 해결을 촉진할 수 있는 대안들이 훨씬 다양해질 것이다. 뿐만 아니라 강대국과의 양자적 안보협력관계와 비교할 때 한국의 외교적 자율성이 신장될 것이며, 또한 여기에 북한의 참여도 유도할 수도 있다.

현실주의 시각에서 바라보면, 한국은 주변 강대국들과 비교하여 상대적으로 약한 군사적 안보능력을 가지고 있기 때문에 안보문제에만 연연하는 접근태도는 한반도 평화체제 구축을 위해 필요한 외교역량을 오히려 소진시키는 결과를 초래할 수도 있다. 실제로 다자협력체제의 유용성은 군사안보적 측면보다 오히려 비군사안보적 측면에서 더욱 크게 부각될 여지가 많다. 이와 관련하여 안보 및 분단문제를 외교정책적 최우선과제로 삼기보다 여러 가지 주요과제들 중의 하나로 취급하고, 경제적 공동번영과 사회문화적 상호이해 등과 같은 다양한 과제들을 해결하는 과정 속에서 분단문제의 해결책을 모색했던 과거 서독의 접근태도는 매우 시사적이다.

이처럼 안보적 차원에만 집중하기보다는 동북아 국가들이 공통의 이익을 발견할 수 있는 분야에서 다자협력 가능성을 적극적으로 모색하는 것이 절대적으로 필요하다는 점을 인정하면, 향후 한국의 대외정책적 기본 방향은 중장기적 시각에서 주변 강대국들과 그동안 쌓아 올린 정치·군사·경제·문화 등 다양한 분야에서 관계를 발전시키는 일에 집중해야 할 것이다. 특히 한국의 역량이 영향력으로 구체화될 수 있는 분야에서 다자협력이 심화된다면, 이는 한국의 외교적 자율성 확보에 긍정적으로 기여할 것이다. 또한, 그러한 다자협력기구에는 북한도 최소한의 부담을 가지고 참여할 가능성도 높다. 이러한 발전은 동북아 다자안보·협력체제의 성립을 앞당길 수 있을 뿐만 아니라, 중·장기적으로 한반도의 평화적·통일 지향적 분단관리를 가능케 하는 기반으로 작용할 것이다.

8장

남북관계의 제도적 발전:
분단의 평화적 관리를 위한 기반

남북관계가 발전하기 위해서는 제도의 확립이 필요하다는 말을 흔히 들을 수 있다. 이에 따라 남북관계의 제도적 발전이라는 과제가 제시되곤 한다. 여기에는 남북관계가 제도화되면 발전이 보장된다는 기대가 듬뿍 담겨있지만, 정작 제도에 대한 충분한 이해가 뒷받침되지 못함으로써 일종의 희망적 목표에 그치는 경향이 있다. 제도에 대한 이론적 지식을 갖는다면, 남북관계의 제도화가 어떻게 이루어질 수 있으며, 또 제도화가 남북관계 발전에 어떻게 이바지할 수 있을지에 대해 더욱 현실적이고 창의적인 생각이 가능하다. 여기서는 제도 이론들을 자세히 소개하지는 않겠지만, 이론적 논의에서 얻을 수 있는 몇 가지 생각들을 정리해보면, 다음과 같다.[1]

첫째, 제도 개념의 다양성을 염두에 두고 과연 남북관계의 제도적 발전이 무엇을 의미하는지에 관한 생각이다. 일반적으로 제도적 발전을 어떻게 성취할 것인가에 관심을 집중하는 경향이 있다. 그러나 그것이 무엇을 의미하는지를 제대로 알지 못하는 상황에서 방법에만 치중하는 것은 사상누각을 짓는 일과 다름이 없다. 만일 남북한이 상호조약, 법, 기구 등을 지속적으로 만든다면, 이것만으로 제도적 발전이라고 말할 수 있을까? 현재의 한반도 상황에서 그러한 성과를 반복적으로 거두는 것도 쉽지는 않은 실정임을 보면, 그렇다는 대답도 가능해 보인다. 그러나 남북관계의 발전을 당면과제로 삼는 근본적인 이유가 한민족의 삶을 더욱 풍요롭게 만들 수 있는 통일여건을 마련하려는 데 있다는 잊지 말아야 한다. 따라서 그러한 형식적 제도의 창출에만 국한시키지 말고, 이것이 실질적으로 작동할 수 있는 환경조건을 조성하는 데 더욱 집중할 필요가 있다. 요컨대 남북관계의 진정한 발전을 위해서는 규범과 문화의 차원에서 변화가 있어야 한다는 것이다. 규범과 문화는 실제로 제도를 형성하고 지속시키는 기반이기 때문이다. 따라서 제도적 발전을 제대로 설명 내지 이해하기 위해서는 제도의 형식뿐만 아니라 근원적 측면이 두루 고려되어야 한다.

둘째, 남북관계의 제도적 발전에는 의미 맥락상 안정적·점

---

1) 이론적 논의에 대한 상세한 내용은 다음 글 참조. 김학성, "한반도 문제의 해결방법에 관한 제도주의적 접근," 『한국과 국제정치』 제32권 제2호 (서울: 극동문제연구소, 2016).

진적·체계적 발전의 필요성이 내포되어 있는 점을 감안하여, 이를 가능하게 하는 제도의 형성, 즉 제도화는 어떠한 과정을 통해 이루어질 수 있는가에 관한 생각이다. 일차적으로 남북한이 의지를 가지고 합의를 이루는 것이 중요하나, 이에 못지 않게 한반도 문제에 직간접적인 이해관계를 맺고 있는 주변 강대국들의 역할도 매우 중요하다. 강대국들이 남북 간의 합의가 원활하게 도출될 수 있는 환경조성에 기여하거나 남북 간 합의가 실천될 수 있도록 돕지 않을 경우에 남북관계의 제도화는 매우 어렵기 때문이다. 현실을 직시할 때, 강대국들이 자발적으로 그러한 역할을 제대로 할 의지가 있는지도 확실하지 않다. 남북한을 비롯하여 주변 강대국들이 한반도 문제와 관련한 여러 난제들에 직면하여 양자 간 또는 다자간 대화를 통해 문제해결을 모색하고 있지만, 상이한 이해관계 탓에 협상의 진전이 어려우며 설령 합의가 이루어진다고 하더라도 실천될 수 있을지 여전히 불확실한 실정이다. 이는 게임이론이 설정하고 있는 상황과 매우 유사하다.

그렇지만 제도적 발전을 하나의 국가목표로 삼고, 국가들 간 전략적 게임의 대상으로만 이해하고 접근한다면, 예상되는 결과는 그리 긍정적이지 못하다. 특히 각 국가의 목표와 전략이 기존 제도의 산물임을 인식한다면, 각 국가의 전략에만 초점을 맞추는 방식의 게임이론이 남북관계의 제도적 발전문제에 그대로 적용될 수도 없다. 국가 간의 전략적 상호작용을 제대로 이해하고, 현실에 적용시키려면, 기존의 국내 및 국제제도의 성격을 충분히 고려하여 제도의 생성 및 변화를 위한 포괄적 전략을 강구해야 한다. 무엇보다 남북관계의 제도적 발전문제는 기존의 제도 틀 내에서 다양한 수준의 행위자들 — 개인, 사회, 국가, 국제적 비정부기구 등 — 이 참여하는 일종의 '다차원 게임(multilevel game)'[2] 성격을 띠고 있기 때문이다. 요컨대 남북관계의 제도적 발전은 궁극적으로 통일이 실현될 때까지 제도적 맥락 속에서 이루어지는 다차원적이고 반복적인 게임과정인 동시에 그러한 게임의 결과가 다시 기존 제도를 변화시키는 방식으로 전개되는 것이다. 물론 제도적 발전이 반드시 그렇게 선순환적으로만 발생하지 않을 가능성도 충분히 염두에 두어야 한다. 어떠한 위기 상황이 닥치고, 이를 해결하기 위한 제도가 갑작스럽게 생성될 수도 있기 때문이다. 만약 그러한 제도가 통일여건 조성에 긍정적으로 기여하는 것이라면, 이것 역시 제도적 발전의 한 방법일 수 있다는 점을 염두에 두어야 할 것이다. 예를 들면, 북한 내부의 급변사태가 발생할 경우에 급속한 통일을 위한 돌발적 성격의 제도적 발전 가능성 역시 배제하지 말아야 한다.

---

2) 다차원 게임이란 상이한 차원의 게임들이 서로 영향을 줌으로써 상호간에 우발적인 결과들이 나타날 수 있음을 보여주는 것이다. 여기서는 이슈연계, 국내와 국제정치의 연결, 그리고 상이한 행위자들로 구성된 게임들간의 양립 가능성 등이 강조된다. 다차원 게임은 정치적 맥락(제도)을 배제한 채 어떤 특정한 상황을 분석하는 것만으로는 국제적 협력의 발생양식을 충분히 설명할 수 없음을 확인시켜준다.

셋째, 제도적 발전의 공간적 범위에 관한 생각이다. 앞의 두 가지 질문에 대한 답변을 찾는 과정은 논리적으로 제도적 발전의 공간적 적용범위에 관한 문제를 제기한다. 즉 남북관계의 제도적 발전이 남북관계 수준에서 전적으로 결정될 수 있는 것인가의 문제이다. 포괄적인 제도 개념에서 출발할 때, 남북관계의 제도적 발전은 남한과 북한의 국내환경은 물론이고 한반도 주변 환경의 수준과 밀접한 상관관계를 맺고 있다. 요컨대 남한과 북한 내부의 제도적 변화, 그리고 주변 국제환경의 제도적 변화는 남북관계의 제도화를 위한 주요 결정요인으로 작용한다. 그렇지만, 이러한 인과적 관계는 일방향이나 일회성에 그치지 않는다. 남북관계가 제도화의 길을 걸으면서, 역으로 남북한의 국내환경과 국제환경의 제도적 변화에 영향을 미치는 선순환 작용이 발생할 수도 있다.

1. 남북관계 제도화의 문제점과 대안

1971년 남북 당국 간 공식대화가 시작된 이래 교류·협력을 비롯하여 한반도 문제의 해결과 관련한 많은 약속들이 있었다. 그러나 그 약속들은 대체로 오래 지속되지 못했고, 항상 새로운 약속에서 이전의 내용들이 반복되는 등 대화와 협력의 성과들이 지속적으로 축적되지 못하는 경향을 보여 왔다. 그럼에도 남북한이 대화와 상호협력의 가능성을 열어나가려는 시도를 멈추지 않는 이유는 냉전적 대립으로 인한 불안정과 긴장을 완화시키고 평화에 대한 기대를 증대시킬 수 있는 제도의 형성 및 확립이 필요하기 때문이다. 실제로 남한의 경우, 대화와 협력을 추구해온 배경에는 반복적인 접촉이 어떠한 질서 내지 패턴을 만들어 냄으로써 북한체제의 변화를 위한 촉매제가 되어 궁극적으로 통일로 인도할 수 있을 것이라는 기능주의적 기대가 강하게 자리잡고 있다. 상호협정 및 조약의 체결로 인해 남북관계가 국제법적 제도의 틀 속에 자리잡게 된다면, 관계의 안정화 가능성은 높다. 문제는 북한의 태도이다. 북한 정권 역시 경제난과 국제고립 탈피를 위해 남북관계의 안정화를 필요로 하지만, 남한과 달리 체제생존을 위한 것이다. 그러므로 남한과 맺은 어떠한 종류의 약속도 체제생존에 악영향을 미친다고 판단하면 언제든지 파기할 준비가 되어 있다.

비록 사문화되다시피 했지만 「남북기본합의서」에서 남북한은 '국가와 국가의 관계가 아닌 특수한 관계'라는 표현으로 상호관계를 규정하고 있다. 남북관계가 국제관계가 아닌 어떤 다른 성격을 띠고 있다는 점은 현실 곳곳에서 찾을 수 있다. 실제로 남북 간 모든 양자 대화나 합의에는 일반적인 국제규범이 온전히 적용되지 않는 경향을 보인다. 그럼에도 불구하고 남북관계를 국가 간 관계가 아니라고 말하는 것도 정확한 표현은 아니다. 영토와 주권은 물론이고 유엔 동시 가입 등 남북한은 국제적으로 독립된 국가행위를 하고 있기 때문이다. 남북한의 국제정치행위는 국제기구나 여러 국가가 참여하는 국제제도 속에서 분명하게 드러나며, 더욱이 남북한의 동맹정치가 각각 남북관계에 직간접으로 연계되기도 한다. 이처럼 남북관계는 국내법은 물론이고 명분상 국가 간 관계가 아닌 것으로 공언되고 있으나, 현실적으로는 국제제도의 미발전 탓에 무정부성(anarchy)이 상대적으로 강한 동북아 지역제도의 틀 속에 존재하고 있다. 요컨대 남북관계에는 현실적으로 국제질서에서 '주권'과 '외교'와 같이 일상적인 규범 내지 관습 이외의 제도적 기반을 충분히 확보하지 못하고 있다고 해도 과언이 아니다.

어쨌든 한국정부는 북한과의 당국 간 대화를 지속·발전시킴으로써 분단 비용 감축 및 통일기반 구축을 가능케 하는 제도를 형성 내지 확립하려 한다. 당국 간 대화는 어떤 다른 과제보다 중요하다. 국제사회의 무정부적 성격이 강한 곳, 즉 제도의 영향이 미약하고 대신 힘의 논리가 우세한 지역에서는 공식적인 국제제도가 생성되기 위해서 일차적으로 국가 간 규칙제정이 필요하다. 당국 간 대화는 바로 규칙을 만드는 출발점이다. 사회문화분야 및 인도적 분야의 교류·협력은 이러한 규칙제정에 직간접적으로 큰 영향을 미친다. 민족적 공유 문화유산을 가진 남북 사회단체들의 반복적인 교류가 일상에서 공동의 문화와 상징을 재생산함으로써 한반도에서 제도의 자율적 형성과 공적 제도의 공고화를 가능케 할 수 있기 때문이다. 경제교류·협력에는 경제적 손익과 관련된 거래비용을 줄이려는 의지와 이를 보장할 수 있는 규칙제정이 필수적이다.

이렇듯 각 분야에서 남북관계의 제도형성 및 발전이 가능해지면 남북한의 국내환경과 국제환경 차원에서 제도변화가 촉진되는 계기로 작용할 수도 있다. 예컨대 남북한사회에서 냉전적 대결의식이 완화된다든지, 동북아 지역협력의 제도화 진전 등이 가능할 수 있다. 나아가 독일사례에서 확인할 수 있듯이 북한 내부의 변화 잠재력을 키울 수도 있을 것이다.

어떠한 종류의 과제이든 남북관계의 제도화를 진전시킬 수 있는 규칙의 합의와 그 규칙의 반복적인 적용이 가능하기 위해서 중요한 전제조건이 있다. 즉 남북한이 규칙준수와 제도형성을 통해 이익을 공유할 수 있다는 확신을 갖는 것, 그리고 규칙위반에 대해서 응징할 수 있는 물리적 수단을 보유하는 것이다. 남북관계가 군사적 도발과 같은 우여곡절을 겪는 가운데에도 개성공단이 오랫동안 유지될 수 있었던 것은 바로 전자의 조건처럼 상호이익에 대한 고려가 있었기 때문이다. 나아가 남북한이 상대방에 대한 응징을 필요로 할 때, 군사력의 증강이나 경제 및 인적 교류의 중단 등을 그 수단으로 활용해온 사례 — 북한의 간헐적 군사도발이나 남한의 금강산관광 중단, 개성공단 폐쇄 등 — 가 있었음을 감안하면, 후자의 조건도 낮은 수준에서나마 이미 존재하고 있다.

한반도의 현실에서 두 전제조건 중 어느 한 가지만으로 규칙준수 및 제도형성의 진전이 확실하게 보장되기 어려운 것은 분명하다. 특히 규칙위반에 대한 응징은 현실적으로 한계를 가진다. 남북한이 군사력을 증강시키는 데는 한계가 있고,

매우 약한 상호의존 탓에 대북 경제제재의 효과도 별로 높지 않으며, 더욱이 동맹 및 지역협력의 성격 탓에 응징을 둘러싸고 동맹국들 사이에 합의도 쉽지 않다. 이러한 현실에서 남북 간에 공유이익을 확대하는 시도가 더욱 중요하게 부각된다. 공유이익은 새로운 이익을 찾거나 이익판단의 기준을 제공하는 인식의 변화를 통해 미처 알지 못했던 이익을 깨달을 경우에 확대될 가능성이 높다. 이를 위해 소통의 중요성이 새삼 부각된다. 특히 군사적 신뢰구축의 과제에서 소통을 통한 인식변화는 매우 필요하다. 여태껏 그러했듯이 남북한이 물리적인 측면에서 군사적 우위를 유지하는 데 주안점을 둔다면, 어떠한 군사적 신뢰구축도 실현되기 힘들다. 물질적 관점에서만 보더라도 군사적 신뢰구축은 '순응비용(compliance costs)'[3]이 높기 때문에 제도화가 결코 쉽지 않다. 따라서 남북한은 교류와 협력을 통해 경제적으로 공유이익을 얻을 수 있는 대상을 찾아냄으로써 군사적 분야의 제도화에 따르는 순응비용을 낮추려는 노력을 지속해야 한다. 이를 통해 남북한 사이에 지속가능한 신뢰구축의 기반이 형성될 개연성이 높아진다.

6·25전쟁 이후 동북아 강대국들은 한반도 안보에 직접적

---

3) '순응비용'이란 어느 참여자가 제도에 순응하지 않을 경우, 이를 제재하는 데 드는 비용을 의미한다. 합리주의자들은 순응비용이 제도로부터 얻을 수 있는 이익보다 많을 경우에 제도형성은 처음부터 어렵다고 말한다.

인 이해관계를 표명해왔다. 그 결과 한반도 안보문제는 단지 남북한 사이의 문제로 국한될 수 없는 복잡한 구조를 가지게 되었다. 남한이 안보적 불안을 최소화할 수 있는 국방력을 갖추는 것은 당연한 일이지만, 안보불안의 주원인인 분단문제를 단지 군사력 측면에서 접근하는 탓에 문제를 더욱 어렵게 만들어 온 것도 부인할 수 없다. 대표적인 예로서 북한의 핵실험이 남북관계 전반과 연계됨으로써 진퇴유곡의 상황에 빠진 현실을 들 수 있다. 안보분야와 여타 남북 교류·협력분야를 분리해서 접근하는 것이 유용할 경우가 분명히 있다. 북한 핵실험에 대해서 안보대화가 필요하지만, 북한 정권이 체제 생존을 위해 핵개발을 고집하고 있는 상황에서 어떠한 타협이 쉽게 이루어지기는 힘들다. 이러한 상황에서 관계의 중단과 국제제재를 문제해결의 방법으로 선택하는 것은 한편으로 어쩔 수 없어 보이기도 하지만, 이것이 얼마나 실효성 있는 대안인지에 대해서는 회의적이기도 하다. 미중경쟁이 치열해지는 동북아 지역에서 대북 국제제재가 결정적인 효과를 가지기 힘들다. 오히려 북한 내부의 취약계층이 큰 타격을 입을 뿐만 아니라 국제제재를 빌미로 내부적으로 북한 정권의 전체주의적 통치가 강화됨으로써 북한사회에서 미미하게나마 보이는 변화의 싹이 짓밟히는 결과를 초래할 수도 있다. 이를 고려하여 일단 남한정부만이라도 핵을 비롯한 군사적 문제와 남북 교류·협력을 분리하여 접근함으로써 북한 정권이 이익판단의 기준을 바꿀 수 있는 기회를 계속 가질 수 있도록 하는 것이 필요하다. 물론 이에 대해 북한 정권의 호응 여부도 고려해야 할 것이다. 그럼에도 중요한 것은 분리접근을 통해 남북관계를 일정한 수준에서 유지해나갈 필요성이다. 전반적인 남북관계의 제도화는 어떠한 수준에서든 남북 교류·협력이 지속될 때 비로소 기대할 수 있기 때문이다. 제도형성에는 많은 시간이 필요하다는 사실은 의문의 여지가 없다. 그렇지만 수많은 역사적 사례와 이에 입각한 이론적 발견에 따르면, 일단 형성된 제도는 대체로 관성력을 얻을 뿐만 아니라, 어떤 분야에서 형성된 제도는 다른 분야로 파급되는 경향을 가진다는 사실을 간과하지 말아야 한다. 이 맥락에서 남북관계의 제도화를 위해 긴 안목과 인내가 필요한 것은 당연하다.

2. 남북관계 차원에서의 실천과제

남북관계의 제도화가 단지 남북관계 차원의 노력만으로 가능하지 않다는 점은 이미 앞에서 누차 언급했다. 그렇지만 국내환경과 국제환경 차원에서 요구되는 노력은 다른 장에서 자세히 다루고 있기 때문에 여기서는 남북관계 차원에서 가능한 것을 중심으로 실천과제를 정리하고자 한다. 단, 남북관계에서 제도화 수준이 매우 낮은 현실을 고려하여 현실적으로 추진이 가능하거나 현시점에서 매우 필요한 것에 초점을 맞출 것이다.

남북관계 차원에서 제도화를 위한 과제는 다양한 분야에서 찾을 수 있다. 첫째, 현실적으로 가장 시급하며 실현 가능성이 높은 것으로서 경제교류·협력을 들 수 있다. 냉전종식 이후 심각한 경제난에 직면하여 북한지도부는 체제위기 의식을 가지고 한편으로는 대량살상무기를 개발했고, 다른 한편으로는 남북대화 및 남북 교류·협력에 나서기 시작했다. 이렇듯 북한 정권도 경제교류·협력의 중요성을 인식하고 있다. 문제는 경제교류·협력이 남북한 상호의존의 증대뿐만 아니라 북한체제의 점진적 변화를 촉진시킬 수 있다는 것이다. 이에 따라 남북관계 발전이 북한 체제생존에 악영향을 줄 것이라는 북한 정권의 우려가 충분히 예상되기 때문에 이러한 우려를 약화 내지 불식시키는 노력이 필요하다. 비록 중단상태에 놓여 있지만, 금강산관광사업이나 개성공단사업이 그러한 의미에서 매우 좋은 사업모델이 아닐 수 없다. 나아가 평화공존을 지향하는 경제교류·협력을 통해 북한 정권이 체제불안이 아니라 실질적 이익을 얻을 수 있다는 확신을 가질 수 있도록 해야 한다. 이와 관련하여 남북 경제교류·협력을 통해 북한이 세계시장에 참여할 수 있도록 직간접적으로 지원함으로써 시장경제체제를 올바로 이해하고 개혁·개방의 필요성을 깨닫게 만드는 것이 필요하다. 이렇듯 중장기적 관점에서 남북 경제교류·협력의 지속가능성을 확보하려는 생각이 실천으로 이어지기 위해서는 무엇보다 그동안 실천되지 못했던 3통(통행·통신·통상)의 제도화 문제가 우선적으로 해결되어야 할 것이다.

둘째, 학술, 예술, 체육, 청소년, 언론 등 사회·문화분야 사업을 활성화시킴으로써 인적 교류를 확대해야 한다. 불신과 반목으로 점철된 남북한이 화해하고, 평화공존을 모색하기 위해서는 남북 주민들의 접촉이 많아져야 하기 때문이다. 문제는 북한 정권이 사회·문화분야 교류·협력을 통한 인적 교류의 증대가 체제 내부에 미칠 부정적 영향을 우려하여 매우 방어적인 태도를 보인다는 점이다. 되돌아보면, 과거 사회·문화분야의 사업들은 대부분 북한의 정치적 내지 경제적 목적과 부합했기 때문에 가능한 것이었다. 북한의 체제 속성을 감안하면, 사회·문화분야의 교류·협력과 인적 교류 확대는 실천하기가 가장 어려운 과제임이 분명하지만, 남북관계의 발전을 위해 포기될 수 없는 것이기 때문에 인내력을 가지고 접근해야 할 것이다. 북한당국의 우려를 고려하여 우선 주민 접촉이 적은 사업들을 중심으로 교류·협력에 집중하되, 점차 접촉면을 확대해 나가는 방법을 강구해야 한다. 경우에 따라 국제적 사회문화교류·협력 사업에 남북한이 동참하는 기회를 넓힘으로써 북한의 우려를 불식시키는 동시에 북한사회의 개방을 간접적으로 촉진할 수 있을 것이다. 이러한 과제를 인내력 있게 추진하기 위해서는 남한사회가 낡은 이데올로기적 대결의식을 극복하고 스스로에 대한 건전한 자기신뢰를 확보하는 것이 요구된다.

셋째, 인도적 분야의 협력을 증진해야 한다. 인권존중을 포함한 인도적 분야의 협력은 단지 분단의 문제에 국한되지 않고, 자유와 평화라는 인류의 보편적 시대정신과 상통하기 때문에 더욱 중요하다. 남북관계에 존재하는 인도적 사안은 크게 두 가지로 나눌 수 있다. 하나는 분단과 전쟁으로 인해 발생한 이산가족의 문제로서 여기에는 한국전쟁에 따른 미송환 국군포로와 납북자 문제도 포함된다. 다른 하나는 북한의 저발전과 식량난에 따른 북한주민의 기아와 의약품 등의 결핍 문제이며, 이로 인한 탈북자 문제도 포함된다. 북한당국은 인도적 사안과 관련하여 이중적인 태도를 취하고 있다. 과거 남한의 비료 및 식량지원에 대해 북한은 이산가족 상봉을 제한적으로 허용하는 등 적극적 자세를 보인 데 반해, 이산가족들의 서신교환, 면회소 설치, 상봉의 정례화에 대해 소극적이었다. 또한, 국제사회의 북한 인권문제 제기나 탈북자의 남한입국에 대해 매우 민감하게 반응한다. 그럼에도 불구하고 각종 남북합의문에는 인도적 문제 해결이 강조되었다. 따라서 인도적 차원의 대북지원을 지속·강화하되 북한에 보다 적극적인 상응조치를 촉구해야 할 것이다. 단, 북한 내부의 인권상황을 정치적 공세 차원에서 접근하는 것은 지양하고, 실질적인 인권 개선 효과를 거두기 위한 다양한 방법을 강구해야 한다. 북한의 현실뿐만 아니라 현실세계 어디에서나 정도의 차이는 있지만, 인권이라는 가치를 실현하는 것이 그리 쉬운 일이 아니기 때문에 더욱 그러하다.

넷째, 안보분야에서 군사적 신뢰구축과 군축에 관한 합의 도출이 요구된다. 현재 한반도안보는 북한의 대량살상무기 개발과 이에 대한 미국의 억지정책에 의해 좌우되는 듯 보이지만, 남북한 사이의 재래식 군사력과 관련한 상호신뢰구축 및 군비축소의 문제 역시 결코 간과할 수 없는 안보적 현안이다. 비록 한미동맹에 따른 주한미군의 안보적 비중이 매우 크기는 하나, 재래식 군비통제는 남북한이 논의의 주체가 될 수 있으며, 실제로 남북 간 군사적 실무회담들이 개최되기도 했다. 만약 정전체제가 평화체제로 전환될 수 있다면 군사적 신뢰구축과 군축을 둘러싸고 남북한이 합의해야 할 사항들이 적지 않을 것이다. 상호신뢰구축과 재래식 군사력 감축 문제는 향후 북핵문제의 해결 추이, 미국의 안보이익, 그리고 남한의 중장기적 안보정책 구상의 복합적 상호작용에 좌우될 것이다. 그렇지만 현재에도 일단 군사적 충돌을 최소화하기 위해 여러 수준에서 대화와 협상이 상설될 필요가 있다. 이는 향후 군사분야에서 제도화의 초석으로 작용할 것이다.

다섯째, 이상과 같은 각 분야의 과제들을 안정적으로 추진할 수 있는 제도 기반 및 환경 여건을 마련하기 위해 당국 간 안정적인 대화 채널의 확보가 필요하다. 당국 간 대화를 통해 남북한 사이에 이미 합의된 사안들을 점진적으로 실천할 수 있는 방법을 찾아야 할 것이기 때문이다. 만약 당국 간 분야별 대화 및 협상을 통해 구체적인 제도를 마련할 수 있다면, 그 방향은 일차적으로 3통에 관한 여러 협정들의 실천과 관련된 것이어야 할 것이다. 특히 북한의 체제유지와 군사적 문제가 복잡하게 얽혀 있는 한반도 현실에서 한 번의 약속이나 일회적 실천으로 제도화의 가능성은 낮기 때문에 단계적·점진적 실천을 통한 남북한 교류·협력의 활성화를 도모하는 방법이 가장 바람직하다.

9장

올바른 통일준비:
내적 통일역량의 증대

이미 6장에서 자세히 언급했듯이 통일준비라는 말은 남한의 보수진영이 대북·통일정책의 핵심으로 내세워왔다. 역대 보수정부나 세력은 진보진영이 중점을 두는 분단의 평화적 관리가 북한체제의 연명을 도울 뿐이고 통일을 포기하는 결과를 초래할 수 있다는 점을 들어 반대하며 대신에 통일준비를 강조해왔다. 특히 보수정부들은 독일통일을 간접 경험한 이후 통일에는 많은 비용이 든다는 사실을 깨닫게 된 남한주민들의 우려를 불식시키는 데 중점을 두었다. 독일과 달리 통일을 잘 준비한다면, 한반도에서는 통일비용의 문제는 그리 크게 나타나지 않을 것이라는 주장이다. 이와 더불어 북한체제의 불안정성을 부각시키며 북한의 급변사태에 대한 대비가 시급함을 설파해왔다. 이러한 생각에 논리적인 잘못은 크게 없어 보인다. 그러나 현실적으로 보수정부가 통일준비의 맥락에서 할 수 있었던 것은 통일비용에 대한 대국민 설득과 통일기금 마련 운동, 그리고 북한체제의 불안정성과 국민적 경각심 부각 정도밖에 없었다. 과연 이러한 것으로 통일준비가 충분할 것인지?

되돌아보면, 남한사회에서 통일준비가 중요하게 주목받게 된 배경에는 독일통일이 자리잡고 있다.[1] 서독은 분단기간 내내 통일을 준비한 적이 거의 없었다. 남한사회는 소위 독일통일 후유증 — 막대한 통일비용과 동서독 주민들 사이의 갈등 — 이 통일을 전혀 준비하지 않았던 서독 탓으로 판단했고, 동독처럼 급변사태를 맞이할 개연성이 농후한 북한의 현실에 주목하여 독일과 같은 후유증을 피하기 위해서 통일준비가 필요하다는 교훈을 찾았다. 그러나 이는 독일과 한반도 분단의 차이를 충분히 고려하지 못한 피상적인 교훈으로서 독일통일에서 얻을 수 있는 더욱 현실적이고 의미 있는 내용에 눈 감게 하는 결과를 초래했다. 평화적 통일을 이루었다는 점에서 독일통일은 한반도 통일의 모델로 간주되고 있기에 현실적이고 의미 있는 교훈을 찾는 일은 당연히 필요하다.

제2차 세계대전의 패전국이었던 독일에게 분단은 전쟁도발의 대가였다. 더욱이 나치(NAZI)의 과오를 반성하는 독일인

---

1) 독일통일과 시사점에 관한 최근의 종합적 분석은 다음 책 참조, 윤영관(편), 『독일통합과 한반도』 서울대학교 국제문제연구소 총서 31 (서울: 사회평론아카데미, 2019).

들에게 민족 개념은 부정적으로 비춰졌다. 따라서 동서독 주민은 독일통일이 국제정치에 종속되어 있으며 자력으로 이룰 수 있는 것이 아니라는 점을 일찌감치 깨달았던 탓에 1960년대부터 서독의 대동독정책은 분단관리에 주력할 수밖에 없었다. 이러한 정책방향이 소련의 붕괴에 힘입어 의도치 않게 통일의 주요 원동력으로 작동했다는 점은 아이러니가 아닐 수 없다. 소련의 붕괴가 독일통일을 가능케 했던 주요 요인이었던 것을 누구도 부인하지는 않지만, 그렇게 급격하게 이루어진 독일통일은 동독주민들의 강력한 요구 덕분이었다는 점도 결코 간과하지 말아야 한다. 1970년대 이후 동서독 관계개선을 통해 동독주민들이 서독사회에 대한 간절한 동경을 키워왔다는 사실은 이미 잘 알려져 있다. 그렇기에 냉전시기 서독의 분단관리는 결과론적이기는 하지만 서독식의 통일준비였다고 해도 과언이 아니다. 여기서 분단의 평화적 관리와 통일준비가 결코 반대되는 개념이 아니라는 점이 확인된다. 독일 사례는 성공적인 분단관리가 통일의 밑거름이 될 수 있다는 것을 분명히 보여주었기 때문이다.

독일에서 통일되었다는 사실에 대한 기쁨이 채 가시기 전에 통일후유증이 대두했다. 독일통일 후유증이 서독의 통일준비 부족에 기인한다는 판단은 사실과 온전히 부합하지는 않는다. 통일후유증은 근본적으로 재정 및 투자비용을 비롯하여 분단시기 생성된 체제문화 차이, 그리고 급하게 진행되었던 통합과정에서 불가피했으며 해결을 위해 일정한 시간이 요구되는 정치적·경제적 문제로 인해 발생한 것이었다. 동서독의 정치·사회문화적 차이는 통일된 지 30여 년이 지나도 온전히 극복되지 못하고 있는 실정이다. 만약 서독이 통일 이전에 이러한 문제점을 미리 알았어도 제대로 해결책을 마련할수 있었을지는 의문이다. 냉전시기 서독의 분단관리 정책 덕분으로 매년 수백만의 동서독 주민들이 만나서 소통하고 상호이해할 수 있는 기회를 가졌음에도 불구하고 통일 이후 이들 사이에는 정치·사회문화적 차이가 예상보다 크게 드러났다. 베를린 장벽을 상징적으로 비유하여 '마음의 장벽'으로 불리는 이러한 차이는 단지 분단의 유산 때문만이 아니라 통합과정에서 정치·경제·사회·문화적 요인들이 복합적으로 작용한 결과이다. 요컨대 독일통일 후유증은 오랫동안 분단을 경험했던 민족국가에서 평화적 통일이 이루어질 경우에 발생할수 있는 온갖 문제점을 보여주고 있다. 그렇다면 남한의 통일준비는 바로 독일이 겪은 통일후유증을 분석하고 한반도 통일에 적용 가능한 것인지 검토해봄으로써 통일의 방법을 비롯하여 통합과정에서 예상되는 문제를 최소화할 수 있는 길을 찾는 일과 크게 다르지 않을 것이다. '올바른 통일준비'는 바로 그러한 방식의 접근을 말하는 것이다.

물론 독일과 한반도의 분단 상황에는 분명한 차이가 있다는점을 간과하지 말아야 한다. 그러므로 독일경험을 한반도 상황에 맞게 창조적으로 활용하려는 노력이 요구된다. 어쨌든 올바른 통일준비를 위해 독일사례를 제대로 활용하려면, 한반도의 분단상황을 고려하여 먼저 두 가지 질문을 제기하는 것이 필요하다. 첫째는 통일을 준비하는 한국의 입장에서 내부적으로 무엇을 준비해야 할 것인가의 문제, 둘째로는 이념적·문화적 측면에서 정치·사회적 통합의 어려움을 최소화할 수 있는 대비책은 무엇인가 하는 것이다. 이러한 질문을 염두에 두고 올바른 통일준비를 위한 향후 과제를 정리하면 다음과 같다.

1. 물질적 통일역량 증대: 경제 및 군사 역량

아직 분단극복의 조건이 충족되지 못한 한반도 상황과 한반도 문제의 복합구조를 염두에 두면, 남북한이 강대국들의 개입을 배제한 채 오로지 상호합의에 따라 통일을 이룰 수 있을 것으로 기대하기란 매우 힘들다. 독일이 경험했듯이 냉전종식과 같은 성격의 세계 및 지역정치의 거대변화가 예상치 못하게 발생할 경우, 통일의 기회를 잡을 수도 있겠지만, 그러한 기회가 오더라도 한국의 국가역량이 지역의 주변국가들을 설득하거나 인정받을 수 있는 수준이 되어야 가능할 것이다. 독일사례를 보면, 서독은 1960년대 '라인강의 기적'을 거쳐 1980년대 들어와 경제적 역량을 바탕으로 국제정치적 위상이 증대되었고 마침내 유럽통합의 명실상부한 주도국으로 발돋움했다. 1980년대 후반 즈음에 미국은 영국을 제치고 서독을 서유럽 동맹체제의 최대 파트너로 인식했으며, 소련은 페레

스트로이카(Perestoika)의 성공을 위해 필요한 재원을 서독으로부터 조달하려 했다. 고르바초프(M. Gorbachev)는 마침내 서독 콜(H. Kohl) 총리의 경제지원을 대가로 그동안 거부해왔던 독일인들의 통일요구를 수용했다. 뿐만 아니라 1970년대와 1980년대 동서독 교류·협력이 활성화되었던 배경에는 서독의 경제력이 동독 정권의 주목을 끌었으며, 1989년 베를린 장벽의 붕괴에서 보듯이 동독주민이 서독으로 몰려오게 만들었던 이유들 중에 소비생활과 경제적 풍요가 크게 작용했다. 이와 관련하여 당시 독일의 어떤 비평가는 동독의 평화혁명이 사실상 '백화점 혁명'이었다고 비꼬기까지 했다.

한반도에서도 물질적 역량은 분단관리나 통일정책을 추진해나가는 중요한 원동력이 아닐 수 없다. 5장에서 이미 언급했듯이 북한 핵문제의 해결을 비롯해서 북한으로 하여금 남북관계 개선을 물론이고 체제변화를 촉진시키는 데 필요한 경제 및 군사역량, 한반도 문제해결 과정에서 주변 강대국을 설득시킬 수 있는 외교역량, 그리고 통일의 언제 실현되더라도 피하기 힘든 통일비용을 충분히 감당할 수 있는 경제력이 뒷받침될 때 비로소 한국의 분단관리 노력이나 통일요구의 진정성이 한반도 내외로부터 받아들여질 수 있다. 한국은 아직 평화협정을 체결하자고 북한이나 미국을 성공적으로 설득할 만큼 충분한 역량을 갖추지 못하고 있다. 북미정상회담 개최를 위해 중간에서 많은 노력을 했음에도 불구하고, 성과 없이 끝났을 뿐더러 미국과 북한이 남한을 중재자로서 인정하지 않는 태도를 보인 것도 정책성공을 위한 역량부족의 대표적인 사례이다. 다만 미국이 중국견제를 위한 다자동맹체제를 구성하는 과정에서 한국의 군사력과 경제력을 인정하여 참여를 독려하는 것에서 한국의 경제적·군사적 역량이 신장되었다는 점을 확인할 수 있으나, 이는 오히려 미중경쟁의 틈바구니에 끼이게 될 위험을 내포하고 있다. 뿐만 아니라 현재의 한국 경제력으로는 당장 통일이 되더라도 필요한 통일비용을 마련하는 데 큰 어려움을 겪게 될 가능성이 매우 높다. 물론 통일한국의 미래가 경제적으로 매우 밝을 수 있다는 전망도 있으나, 통일과정을 잘 관리할 수 있는 물적 역량이 없다면, 미래도 기약하기 어려울 것이다.

경제적·군사적 역량은 굳이 한반도 문제해결을 위해서가 아니더라도 기본적으로 한국사회가 더 풍요롭고 안전하게 살수 있기 위해 항상 필요한 일반적인 국가 과제이다. 여기서 중요한 것은 그러한 일반적 국가 목표가 성공적으로 추진된다면, 그 누적된 결과가 바로 분단의 평화적 관리 역량은 물론이고 궁극적으로 통일역량이 된다는 사실이다. 그만큼 한반도 문제를 해결하기 위해 요청되는 과제의 범위는 매우 광범하다. 다만 어느 정도의 물질적 역량을 갖추어야 충분한 것으로 평가할 수 있는지의 질문에는 답을 찾기 쉽지 않다. 군사적 역량은 아무리 갖춘다고 한들 주변 강대국과 어깨를 나란히 하기는 어렵다. 그렇게 갖추기도 어려울 뿐더러 설령 그렇게 할 수 있다고 하더라도 효용성 면에서도 큰 의미가 없다. 군비를 확장하면, 그만큼 복지가 희생되기 때문이다. 한국의 위상을 고려하면, 군사적 역량을 갖추기 위해서 동맹체제를 활용하는 것이 불가피하다. 다만 동맹체제 유지를 위한 부담이 이익을 능가하지 않을 정도이면 충분할 것으로 판단된다. 초강대국들이 경쟁하는 동북아 지역에서 동맹을 포기하는 것은 너무나 위험하다. 만약 강대국과의 동맹에 균열이 발생한다면, 핵무장이라도 감행해야 할 수도 있다. 그러나 현재의 국제질서하에서 한국과 같은 무역의존국가에게 핵무장은 너무나 큰 위험을 의미한다. 향후 동북아 지역에서 다자안보협력이 태동한다면, 군사적 역량 확보와 관련된 그러한 어려움이 훨씬 경감될 수 있을 것이다.

경제적 역량도 크면 클수록 좋다고 말할 수 있지만, 양적으로만 커진다고 역량이 비례해서 커진다고 말할 수는 없다. 질적인 부분, 즉 부의 생산과 분배에서 적어도 공정과 정의로움에 대한 사회적 합의가 이루어지고, 그 합의가 규범적 가치로서 존중될 때, 비로소 경제적 역량이 규모에 걸맞게 발휘될 수 있다. 분단의 평화적 관리를 위한 대북경제지원이나 협력, 그리고 미래의 통일비용 마련을 예로 들면, 한국 전체의 가용자원이 많아진다고 해서 대북지원이나 통일비용 지출에 대한 사회적 갈등이 적어지지는 않는다는 것을 이미 직간접적으로 경험하고 있다. 이러한 갈등은 한반도 현실에 대한 국민적 인식이 증대되고, 분배정의에 대한 만족도가 높아질 때 비로소 완화될 수 있다. 이와 관련하여 서독의 과거 경험은 매우 시사적이다. 1960년대 말까지 동독을 국가로 인정하지 않는 분위기가 팽배했던 서독사회에서 1970년대에 들어오면서 갑자기 브란트의 신동방정책을 수용하고, 분단의 평화적 관리 필요성에 대한 국민적 견해가 수렴될 수 있었던 배경에는 단지 서독 경제력의 양적 증대뿐만 아니라 당시 분출했던 탈물질주의적 사회문화가 중요한 요인으로 작용했다. 1960년대 경제성장과 복지사회의 기틀을 마련한 서독사회는 1960년대 말 학생운동이라는 한바탕 요란스러운 정치사회적 세대갈등을 거치면서 탈물질주의적 문화를 확산시켰으며, 그 영향 아래 분단상황에 대한 사회적 인식변화가 발생했다. 이처럼 물질적 역량의 증대에는 반드시 이념적이고 문화적 역량이 동반되어야 실질적인 역량 증대 효과를 거둘 수 있다.

2. 이념적·문화적 통일역량 증대

이념적·문화적 역량은 남남갈등의 극복 및 국민적 공감대 형성과 같은 의식 및 인식의 문제를 해결하는 데 절대적으로 필요하다. 이러한 역량을 축적해 나간다면, '어떠한 통일'이 우리의 민족공동체에 바람직한지에 대한 진정한 고민이 가능하고 종내에는 '어떠한 대북·통일정책'이 추진되어야 하는지에 관한 사회적 합의점을 찾아갈 수 있다. 독일사례는 물론이고 한국 사회의 현실을 감안할 때, 이념적·문화적 역량 증대를 위해 기본적으로 추진해야 할 것으로 크게 세 가지를 들 수 있다.

첫째, 사회문화적 측면에서 통합의 기반을 마련하는 것이다. 다시 말하면, 현재의 한국사회에 건전한 시민문화를 정착시켜야 한다. 북한체제의 특징상 북한사회 내에서 조만간 그러한 사회문화적 기반의 조성을 기대하기란 어렵기 때문에 더욱 그러하다. 건전한 시민문화는 다원적 사회에 잠재되어 있는 갈등을 평화적으로 해소할 수 있는 가장 중요한 바탕이다. 만약 남한 내에서 갈등의 평화적 해소문화가 정착되지 않는다면, 통일 이전에 겪을 남북한 공존의 어려움은 두말할 필요도 없고, 통일 이후에도 북한의 상이한 사회문화를 수용하기 힘들 것이다. 한국사회에서 건전한 시민문화를 정착시키는 일은 남북한이 상호소통 및 이해를 가능하도록 만드는 기반을 확립하는 것과 직결된다.

사회문화적 다양성은 특히 민주화되고 탈산업화 및 현대화된 사회의 특징이란 점을 감안하면, 한국사회에서 갈등의 평화적 해소를 가능케 하는 문화의 정착은 한반도 문제와 상관없이 당위적으로 필요한 일이 아닐 수 없다. 남한주민들이 직면하고 있는 잠재적·현재적인 갈등을 평화적이고 문명적으로 해결할 수 있다면, 분단으로 인한 갈등 역시 평화적이고 문명적으로 해결할 수 있는 사회내적 역량이 증대할 것이다. 이와 관련하여 항상 강조되어온 민주시민교육과 이 틀 속에서 통일교육이 체계적으로 실시될 필요가 있다. 비록 적지 않은 시간이 필요하지만, 그렇다고 마냥 소홀히 한다면 한반도에서 냉전적 대결의 구조를 온전하게 극복하는 것이 쉽지 않을 뿐만 아니라 언제일지는 모르지만 염원하는 평화통일과 통합의 성과도 반감될 가능성이 높다. 이에 반해 남한사회가 그러한 사회내적 기반조성을 위해 노력을 해나간다면, 남북한 사이에 교류·협력을 통한 상호신뢰의 점진적 형성이 가능할 것이고 나아가 북한사회 내부에서 사회문화적 변화의 길을 열 수 있을 것이다. 이러한 전망은 동서독 분단 및 통일사례를 통해 확인 가능하다.

둘째, 건전한 민족공동체적 정체성을 확립해야 한다. 통일 이전 서독은 세계의 어느 국가들보다 갈등해소문화가 상대적으로 잘 정착되어 있었다. 전후 탈나치화를 위해 시민정치교육이 최우선시 되었고, 그 덕분에 시민들의 비판정신도 매우 충일했다. 분단시기 서독사회가 이룩했던 포용적인 사회문화는 동서독 공존에 분명히 기여했다. 한국의 남남갈등과 비교하면 약하지만, 브란트의 분단관리정책 역시 서독사회에서 갈등을 유발했으나, 정치교육 덕분으로 갈등의 평화적 해결이 한층 쉬웠다. 더욱이 보수정부로 정권이 넘어간 이후에도 진보정부의 분단관리정책이 지속될 수 있었다. 그러나 통일 이후 서독의 문화적 포용성은 상당부분 증발했다. 그 원인은 매우 복합적이지만, 사회문화적 측면에서 보면, 민족공동체적 정체성이 취약했다는 점에 주목할 필요가 있다. 나치에 대한 반성은 민족주의에 대한 혐오를 낳았기 때문에 동서독 어디서도 민족주의적 정체성이 확립될 수 없었다.

독일과 비교해서 한반도에는 민족주의가 여전히 긍정적으로 수용되고 있으나, 실제 내용은 점차 변화하고 있다. 단일 민족이라는 점에서 한반도 통일의 당위성이 의심 없이 받아들여지고 있지만, 한국사회의 사회적 분화가 가속화되고 탈산업사회적 성격을 가지게 되면서 민족공동체적 구심력이 점차 이완되는 추세를 보이고 있다. 향후 민족공동체 의식이 더욱 약화된다면, 남북한 주민들의 교류와 협력이 확대된다고 한들 공동체적 가치관을 공유할 수 있길 기대하기란 현실적으로 쉽지 않을 것이다. 6·25전쟁의 여파로 남북한 주민들 사이의 접촉이 오랫동안 단절된 한반도에는 동서독 관계와 비교하여 사회문화적 이질화가 더욱 커졌기 때문에 남북한 주민의 상호이해가 점점 힘들게 되었고, 상호 적대감을 회복할 기회를 가지지 못했다. 더욱이 갈등과 대립의 시간이 길어지면서 화해나 용서가 증오심을 넘어서기란 매우 어렵게 되었다. 따라서 이를 극복할 수 있는 사회문화 기반을 만드는 과정에서 민족공동체 의식의 확립은 매우 중요하다.

셋째, 사회경제적 측면에서 남북 간 상호이해의 폭을 넓혀 나갈 수 있는 문화적 기반이 요구된다. 시민문화나 민족공동체적 정체성의 기반이 조성될 수 있다고 하더라도 사회경제적 조건이 열악할 경우, 공동체 내 결집력이 생성되기는 쉽지 않다. 이는 독일 사회통합의 어려움이 사회경제적 요인에 의해 훨씬 증폭되었다는 점에서 입증된다. 독일의 통합과정에서 사회경제적 문제는 양적 차원보다 질적 차원에서 발생했다. 구동서독 주민들 사이의 상대적 차이가 사회통합을 방해하고 있다. 한반도 통일이 이루어질 경우에도 그러한 문제가 일어날 것은 분명하며, 어떠한 통일이냐에 따라 차이는 있겠지만, 쉽게 극복하기 힘들 것으로 예상된다. 그러므로 미래의 통합과정에서 발생하게 될 문제라고 미루어두기보다 현재의 분단상황에서 해결의 실마리를 찾아가는 노력이 필요하다. 즉 남북 교류·협력에서 양적 증대에 최종 목표를 둘 것이 아니라 질적 증대를 향한 비전을 가지고 교류·협력을 확대하는 것에 더욱 중점을 두어야 할 것이다.

이상과 같은 과제는 결국 이념적·문화적 통일역량을 증대하는 데 당위적으로 추진되어야 할 것임은 분명하다. 비록 현실적으로 많은 어려움이 있고, 적지 않은 시간을 필요로 하지만, 그 방향을 인식하고 실천하려는 노력을 포기하지는 말아야 한다. 이와 관련하여 한국사회의 사회문화적 현실과 통일 정책방향에 대한 건전한 비판과 자기반성은 그 출발점으로서 매우 중요하다.

3. 정치사회적 제도 기반마련

이상과 같이 이념적·물질적인 역량을 제고하기 위해서는 한국사회의 현실에 대한 건전한 비판과 자기반성은 물론이고, 이를 바탕으로 적합한 정치사회적 제도의 개선 및 기반을 확립하는 노력이 필요하다. 이와 관련하여 크게 세 분야에서 제도 개선 및 기반 확립을 생각해볼 수 있다.

1) 정치제도의 개선

국민적 합의기반으로서 절차적 정당성을 강화하는 방향으로 정치제도를 개선할 필요가 있다. 이와 관련하여 크게 네 부문에서 제도 개선이 요구된다. 첫째, 정당구조가 개선되는 동시에 의회의 역할이 더욱 투명해져야 한다. 한국의 정당구조에서는 소속 의원들이 의회 내에서 이념적 정책갈등을 투명한 절차적 정당성에 따라 해결하는 데 제약을 받고 있다. 특히 대북·통일정책의 경우, 정권의 획득 및 유지 차원에서 통일문제를 활용하는 사태가 반복되는 가운데 정당 지도부의 소위 당론을 무조건 좇는 경향이 강하다. 그 결과, 여야는 각각 국민정서를 앞세워 정치공방에 쉽사리 휩쓸려 들게 된다. 이는 남남갈등을 심화시키는 한 원인으로 작용한다. 그러므로 과도한 이념갈등을 완화하기 위해서는 정당 및 의회제도의 개선이 불가피하다.

둘째, 민주화의 진전에 따른 참여 민주주의가 제대로 존중되어야 한다. 사회의 복잡성이 증대하면서 정당 및 의회가 모든 문제를 해결하는 데 한계를 가진다. 이에 따라 '풀뿌리 민주주의' 또는 '거버넌스(governance)'의 중요성이 증대하고 있음은 주지의 사실이다. 시민사회의 민간통일운동이 증대해 온 것도 이 맥락에서 이해할 수 있다. 민간통일운동이 활성화되면, 기본적으로 정부가 여론의 향배를 정확히 판단하고 국민적 합의에 따른 정책을 수립·추진하는 데 도움을 얻을 수 있다. 이념적 배경이 다양한 시민단체들의 활동은 탈산업사회적 다양성이 공존하는 곳에서는 갈등을 유발하곤 한다. 그럼에도 시민운동은 실천과 대화의 방법을 통해 이루어지기 때문에 이념적 다양성에 기인하는 갈등이 민주적 해결 가능성을 증대시키는 데 기여할 수 있다. 이러한 의도에서 '민화협'이 결성되기도 했으나, 민간통일운동에서 발생하는 갈등조정의 역할을 아직 제대로 하지 못하고 있다. 대안으로서 헌법기구인 '민주평화통일자문회의'를 개선하는 것도 하나의 방법이다. 현재 이 기구는 통일문제에 대한 국민들의 참여를 보장한다고 하지만, 사실상 전국적 정치조직으로서의 성격을 띠고 있으며 국민적 자발적 참여 역시 제한되고 있다. 따라서 이 기구를 국민참여의 장으로 활성화시키는 방향으로 제도적 개선을 하는 것이 바람직하다.

셋째, 의사소통 수단의 민주화를 더욱 강화하는 방향의 제도 개선이다. 민주적·평화적 갈등해소는 의사소통을 통해서 이루어지기 때문에 의사소통 수단은 매우 중요하다. 인터넷 기술의 급격한 발전에 따라 정보교류 및 의사소통의 방식에 변화가 발생하고 있다. 그렇지만 기존의 대중언론매체도 온·오프라인을 활용하면서 의사소통에서 차지하는 비중을 여전히 유지하고 있으며 특히 신뢰성 측면에서는 아직 적지 않은 영향력을 가진다. 문제는 대중언론매체가 정치권력을 감시하고, 정확한 정보를 제공하며, 여론을 조성하는 수단으로서가 아니라, 자본의 힘을 바탕으로 스스로 권력화하는 경향이 드러난다는 점이다. 모두가 그렇다는 것은 아니지만, 큰 영향력을 가진 언론사들을 중심으로 그러한 경향이 나타난 것을 부인할 수는 없다. 의사소통 수단의 권력화는 여론을 왜곡시킴으로써 민주적 갈등해소를 방해한다. 실제로 햇볕정책을 둘러싸고 전개된 국민적 이념갈등은 언론매체들에 의해 실제보다 더욱 증폭되는 경향이 없지 않다. 물론 언론이 다양한 목소리를 내는 것은 본연의 의무이자 언론자유의 맥락에서 보면 보장받아야 할 일이다. 그러나 자유에는 책임이 따른다. 문제는 언론매체들이 책임감을 가지고 현존하는 갈등을 해소할 수 있는 방법을 찾기보다 대북·통일정책을 두고 교묘한 권력투쟁에 더욱 집중하는 양상을 보였다는 데 있다. 이처럼 언론매체가 권력화의 길을 걷게 되면, 국민여론은 무엇이 정당한 것인지를 측정하는 올바른 기준을 갖기조차 힘들어진다. 따라서 제도적 개선을 통해 이를 방지하는 것이 필요하다.

넷째, 한반도 정책의 일관성 결핍을 극복하기 위해서는 헌법 개정을 통해 권력구조를 개편하는 것이 필요하다. 현재 5년 단임제 대통령제도는 1980년대 말 민주화 과정의 특수한 정치상황의 산물이기 때문에 더욱 그러하다. 현재의 권력구조 하에서 모든 정부는 5년의 임기내에 정책성과를 거두려고 하기 때문에 중장기적 목표를 추진하기 매우 어렵다. 더구나 이념지향성이 다른 정부가 뒤 이을 경우, 이전 정부의 정책은 지속되지 못하거나 심지어 정반대의 정책으로 교체됨으로써 국가차원에서 비효율성을 낳게 될 여지가 크다. 이를 감안하면 책임감을 가지고 정책을 추진할 여력이 상대적으로 큰 4년 중임제 또는 안정적인 내각책임제를 도입하는 것이 필요하다. 당연히 한국의 정치상황 및 정치문화를 충분히 고려한 선택이 필요하다. 특히 안정적인 내각책임제가 강조되는 이유는 내각책임제의 경우, 내각이 수시로 교체됨으로써 정치적 불안정성이 높아지는 경우가 적지 않기 때문이다. 어쨌든 내각책임제가 안정적이었던 서독의 경우에는 정권이 최소 10년 이상 유지될 수 있었기 때문에 독일정책의 일관성이 가능했다는 점을 참조할 필요가 있다.

2) 정치경제 및 사회경제적 제도 개선

세계적 냉전체제가 와해된 이후 통일문제를 바라보는 한국사회의 시각은 한층 다양해졌다. 과거 반공주의 위주의 통일인식과 비교하면 격세지감을 느끼게 한다. 이는 정치적 민주화와 사회적 다양화에 따른 당연한 귀결일 수 있다. 그러나 이와 더불어 통일의 당위성에 대한 신념도 점차 약화되는 경향이 두드러지고 있다. 여러 가지 이유가 있겠지만, 아마도 산업사회의 발달로 인한 개인적 관심의 다양화와 경제우선주의 경향이 주요인으로 작용하고 있는 듯하다. 실제로 한국사회에는 과거와 달리 국가와 민족과 같은 공동체적 삶보다 개인의 주변생활에 더욱 관심을 집중하는 경향이 급속도로 확산되고 있다. 게다가 경제우선주의적 삶은 독일의 통일후유증에 대한 간접 경험과 더불어 통일문제를 효용성의 잣대로 바라보게 만드는 계기를 제공했다. 예컨대 통일이 왜 필요하며, 또 통일이 될 경우 나에게 어떠한 이득과 손해가 있을지 등과 같은 질문이 제기되기 시작했다.

실제로 1990년 이후 통일문제에 관한 각종 설문조사들의 결과를 보면, 대체로 청소년층과 가계를 책임지는 가정주부들 상당수가 통일의 경제적 파급효과에 대해 매우 민감하게 반응하고 있다. 이들은 기본적으로 통일에 반대하지는 않지만, 세금부담의 증대처럼 자신들의 경제적 희생을 요구하는 통일을 원치 않는다는 입장을 보인다. 이러한 입장은 특히 1997년 외환위기를 겪은 이후 현실로 드러났다. 대북 퍼주기 논쟁이 바로 그것이다. 이는 기본적으로 햇볕정책에 대한 반대의 일환으로 정치적 의도에서 나온 것이지만, 실업과 경제난을 겪은 중하위계층에게는 경제적 의미로 받아들여질 수 있다. 이러한 현상은 경제발전과 상관없이 경기가 침체되거나 분배를 둘러싼 갈등이 증폭될 경우 반복될 개연성이 높다. 대북지원에 대해서 아직은 민족의식이 우위를 가지고 있는 듯하지만, 효용주의가 지배하는 산업사회적 삶의 방식은 인위적으로는 제어되기 힘들 정도로 이미 보편화되었기 때문에 향후 경제적 잣대로 대북·통일정책이 평가될 가능성은 점점 높아지고 있다. 그러므로 대북·통일정책을 둘러싼 경제갈등의 증폭을 막기 위해서 단순히 경제발전을 넘어 분배정의가 적절하게 구현될 수는 정치경제적 구조가 확립될 필요가 있다. 이는 당장 한국의 사회경제적 갈등을 완화시키는 데 기여할 수 있을 뿐더러, 현재와 미래에 남북한 간 '나눔을 통한 평화'와 '나눔을 통한 통합'을 가능하게 만드는 기반이 될 수 있다.

3) 민주시민교육 및 통일교육의 제도 개선

민주사회에서 이념적·문화적 역량 증대는 일차적으로 국민의 정확한 현실인식 능력이 고양될 때 비로소 기대할 수 있다. 즉 민주시민들은 공동체의 구성원으로서 공론장에 참여하여 사회적 문제를 둘러싼 토론과 해결책 모색을 할 수 있는 지적 능력을 갖출 필요가 있기 때문에 민주시민교육이 요구된다. 한국사회에서는 그동안 민주시민교육의 필요성에 대한 목소리가 작지 않았지만, 아직도 체계적으로 추진되지 못하고 있다. 다만 분단과 통일에 관한 교육이 통일교육이라는 이름으로 국가에 의해 주도되어 왔으며, 민주화와 더불어 시민단체들이 통일교육의 중요성을 깨닫고 다양한 교육을 실시하고 있으나, 역시 아직 체계적이라고 말하기 어렵다. 통일부의 '국립통일교육원'은 그동안 통일교육의 방법과 내용 연구를 비롯하여 공무원 및 시민 대상의 통일교육을 실시해왔지만, 정부의 영향력에서 온전히 벗어날 수 없는 한계가 있다.

　정부의 영향력에서 벗어난 체계적인 통일교육이 필요한 이유는 남남갈등이 정치화됨으로써 발생하는 소모적인 정쟁 탓이다. 국민들은 단순히 이념논쟁이나 정치갈등의 소용돌이에 휘말리지 않고 각자 비판적 시각을 가지고 한반도 문제를 판단할 수 있는 교육, 특히 민주시민교육을 기반으로 하는 통일교육을 받을 수 있는 기회를 가져야 한다. 이는 장차 통일문제와 관련된 각종의 대내외적 어려움을 극복하는 데 큰 도움을 줄 것이다. 통일교육의 체계화를 위해서는 정치적 리더십 발휘가 절대적으로 필요하다. 남남갈등의 현실을 고려할 때, 통일교육의 틀을 만드는 것이 쉬운 일이 아니며, 체계화를 할 수 있더라도 그 성과가 단기적으로 나타나지 않기 때문에 더욱 그러하다.

통일교육의 체계화는 기존 통일교육의 제도를 개선하는 것으로부터 시작될 필요가 있다. 통일교육과 관련한 제도는 일단 두 종류로 구분할 수 있다. 첫째, 가치의 형성과 변화에 직접적인 영향을 주는 학교나 사회 재교육의 장이다. 둘째, 민주주의사회의 가치갈등을 평화롭게 해소하고 문제해결을 모색하는 정당, 시민단체, 이익단체, 언론 등과 같은 정치적·사회적 제도이다. 현재 한국사회에서 첫째 종류의 제도는 갈등의 평화적 해결이나 국민의식의 공감대 형성에 별로 기여하지 못하고 있다. 학교교육은 이미 입시 중심으로 변했기 때문에 청소년의 세계관 형성이나 사회비판 시각 형성에 필요한 지식을 전달하는 데 매우 제한적이다. 또한, 사회 재교육의 장 역시 그리 활성화되어 있지 못하며, 주로 기능적인 교육에 집중되어 있다. 민족이나 세계정세에 관한 사회 재교육이 실시되는 경우에는 대부분 특정 이념이나 목표를 지향하기 때문에 객관성을 담보하거나 피교육자의 비판적 시각을 키우기 쉽지 않다.

두 번째 종류의 제도는 상대적으로 국민의식의 형성과 변화에 더욱 큰 영향력을 미치는 경향이 있다. 하지만 그 영향은 갈등해소나 공감대 확산에 긍정적이라기보다 오히려 부정적으로 나타나는 경향이 강하다. 평화, 안보, 세계정세 등의 이슈가 다른 사회경제적 이슈와 뒤섞여 정치갈등의 한 수단으로 오용되고 있기 때문이다. 평화, 통일, 안보 등의 이슈는 각자의 이익과 직결되는 사회경제적 이슈와 달리 이해를 위해서 많은 정보와 지식이 필요하다. 따라서 이러한 이슈들을 둘러싼 시각차이가 갈등을 야기한다면, 내용적으로 매우 복잡할 뿐만 아니라 갈등의 전선이 투명하게 드러나기 어려운 것이 정상이다. 그럼에도 불구하고 이들 이슈에 내포된 이념적 선정성 탓에 단순화되어 이념갈등이 전면으로 등장하는 경우가 비일비재하다. 남북관계와 한미관계를 '민족 대 동맹'으로 단순화시켜서 어느 하나를 선택할 것을 강요하는 형태로 나타나는 남남갈등의 모습은 대표적 예이다. 여기에는 보수와 진보진영의 정치적 계산이 개입되어 있을 것이란 의혹을 떨쳐버릴 수 없다. 국민이 그 이슈를 분명하게 이해할 수 있도록 필요한 이념, 정보, 지식을 제공받을 수 있다면, 정치세력들이 남남갈등을 정쟁으로 활용하려는 유혹에서 벗어날 수 있을 것이다.

　이러한 점을 염두에 두면, 가장 바람직하기로는 체계적이고 민주적인 시민정치교육체계를 확립하고, 이 틀 속에서 통일교육을 실시하는 것이다. 독일의 연방정치교육센터는 매우 이상적인 모델로 간주될 수 있다. 정치 및 사회문화적 차이 때문에 이와 같은 제도가 당장 만들어질 수 없다고 하더라도 우선 기존의 사회교육 및 정치제도들을 정상화하는 것과 이들을 체계적으로 연계시키는 노력은 반드시 필요하다. 그럴 경우, 일반 국민들이 필요한 지식과 시각을 갖춤으로써 비판적인 판단 능력을 가지게 되고, 이를 바탕으로 민주적·평화적인 의사소통과 국민적 선택이 가능하며, 결국에는 이념적·문화적 통일역량의 증대에 크게 기여할 수 있다.

10장

결론: 무엇을 어떻게 할 것인가?

이상에서 보았듯이 한반도 문제를 배태한 분단현실과 이를 극복하기 위한 노력은 모두 평화와 직간접적으로 연결되어 있다. 한반도 문제해결 수단으로서의 평화에 대해서는 거의 모든 사람이 동의한다. 분단의 평화적 관리라든지 평화통일이라는 표현에서 평화가 분단관리와 통일이란 목표를 위한 수단으로써 의미를 갖고 있음은 분명하다. 그렇지만 한반도 현실을 직시하거나 통일의 당위성을 곰곰이 생각해보면 평화는 수단일 뿐만 아니라 그 자체로서 매우 중요한 가치를 지닌 목표라는 사실을 깨달을 수 있다. 분단관리의 필요성이 분단현실에 존재하는 갈등과 불안에 기인한다는 점을 직시하면, 결국 평화를 곧 분단관리의 목표로 이해하는 것은 전혀 이상하지 않다. 뿐만 아니라 만약 통일이 정치·경제·사회적 갈등을 증폭시키고 시민들을 공포와 불안에 빠뜨리는 결과를 초래한다면, 누가 기꺼이 통일을 원하겠는가? 요컨대 평화통일이란 표현에는 궁극적으로 한반도에서 평화가 보장될 수 있는 통일을 이루겠다는 목표가 담겨있다.

이러한 맥락에서 앞의 제2부와 제3부는 제1부에 소개했던 평화에 관한 다양한 시각을 기반으로 하고 있다. 즉 여러 관점에서 분단 현실을 보여주고자 했으며, 문제해결을 위한 과제를 모색하는 데 있어서도 역시 다양한 관점들의 현실적 절충을 통하여 나올 수 있는 가능한 모든 상상력을 동원하고자 했다. 이러한 탓에 현실의 분석대상이나 해결과제들이 너무 광범위할뿐더러 거의 모든 사회분야를 포괄하는 과제들이 분단과 통일의 문제와 연관되는 것도 놀라울 수 있다. 그만큼 한반도 분단이 한민족의 생활 공간 및 방식에 새겨놓은 흔적의 범위와 깊이가 상상하기 힘들 정도라는 것이 분명해진다. 그러므로 분단의 평화적 관리를 위한 과제들이란 매 시대를 살아가는 한반도 주민들이 더 행복하고 풍요로운 삶을 살아가기 위해 필요한 과제들과 결코 다르지 않다. 이러한 성격의 분단관리가 성과를 누적해 나간다면 통일역량이 증대될 것이고 이는 평화통일의 길을 단축시킬 수 있을 것이다. 여기서는 포괄적인 한반도 문제의 당면 해결과제를 좀 더 압축적으로 정리할 필요성에 주목하여, 표 10.1과 같이 한반도 문제의 구조를 구성하는 각 차원에서 요구되는 주요 과제들을 과제의 성격에 따라 다섯 가지 범주로 묶어 정리했다.

表 10.1 한반도 평화정착 및 통일기반 조성을 위한 과제들

분야 / 차원	안보	경제	사회·문화	인도적 사안	정치·외교
국내 환경	- 냉전적 대결의식 극복 (남북한)	- 개혁·개방의지 (북한)	- 대남자단정체 포기(북한) - 이념적 다양성 화대(남한)	- 인권개선(북한) - 대북인식개선 (남한)	- 남북관계 개선을 위한 국내제도 기반 확충(남북한)
남북 관계	- 재래식군사력의 감축 및 상호신뢰 구축 - 남북한 평화협정 체결	- 통상협정체결/ 이행 - 경제교류·협력을 통한 상호이익의 극대화	- 인적 교류확대 - 통행·통신협정 체결·이행	- 이산가족, 미송환국군포로, 남북자 문제해결, 탈북자문제해결을 위한 공동노력	- 「판문점선언」 실천 - 당국 간 대화의 제도화
국제 환경	- 미중관계의 개선 - 북한 핵·미사일 문제 해결(북미) - 지역다자안보협력 - 한반도 평화에 관한 다자안전 보장	- 핵문제 해결과정 에서 국제사회의 점진적 대북제재 완화 - 북한의 세계시장 참여	- 국제적 사회문화 교류·협력에 동참	- 북한 인권개선을 위한 국제적 대북 설득·압력	- 북미·북일관계 개선 - 주변 강대국들의 협력 증진 - 한미동맹의 위상 재조정

표 10.1에서 제시된 과제는 이미 앞 장에서 자세하게 설명되었듯이 각 차원의 목표달성을 위해 단기적 및 중장기적으로 요구되는 것이다. 즉 국내환경 차원에서는 남북한 안보적 갈등을 극복하고 정치·경제·사회문화적 동질성을 창출할 수 있는 기반을 확립할 수 있는 과제들, 남북관계 차원에서는 분단현실에서 요구되는 남북 교류·협력분야들을 중심으로 하는 과제들, 그리고 국제환경 차원에서는 한반도 안보와 동북아 안보가 밀접하게 연계되어 있는 현실을 고려하여 평화체제 구축을 위해 충족되어야 할 환경 여건을 조성할 수 있는 과제들이 예시되었다.

이상과 같은 차원별 핵심과제를 확인했다면, 이들 과제가 한반도 문제의 복합적 연계성 속에서 어떻게 실천될 수 있을 것인지에 대해 생각해볼 필요가 있다. 그러한 과정을 가장 간결하게 표현하면, 도표 10.1과 같이 도식화될 수 있다. 도표 10.1은 3장의 도표 3.1에서 간략하게 도식화되었던 한반도 문제의 복합적 연계 구조를 공간적으로 펼쳐놓고, 위에서 정리했던 각 차원의 과제들이 실천되는 과정에서 이루어지는 복합적 연계성을 구체적으로 보여주는 개념도이다. 이 개념도는 실천과정의 이해를 넘어 과제의 우선순위와 실천방법 등을 모색하는 데 유용하게 활용될 수 있다.

먼저 도표 10.1의 표현들을 간략하게 설명하면, 모든 사각형으로 표현된 것은 제도 내지 제도적 성격을, 타원형은 전략이나 정책 형태의 실천행위를 각각 의미한다. 실선은 현재 존

재하거나 진행 중인 것을, 점선은 미실현된 것 내지 실현되었
더라도 중단 등으로 말미암아 그 존재가 아주 미약한 것을 의
미한다. 화살표는 영향력의 투사방향 또는 상관관계를 표시
하며, 여기서 실선과 점선은 앞의 의미와 동일하다.

도표 10.1에서 보여주는 과제 실천과정의 연계적 작동방
식을 좀 더 자세하게 설명한다면 다음과 같다. 먼저 타원형
의 '한반도 관련 다자대화와 합의', '남북한 당국 간 대화와 합
의', '남북한 교류·협력·지원'은 남한정부가 대북 관여정책

도표 10.1 한반도 문제 해결을 위한 과제 실천의 연계적 작동방식

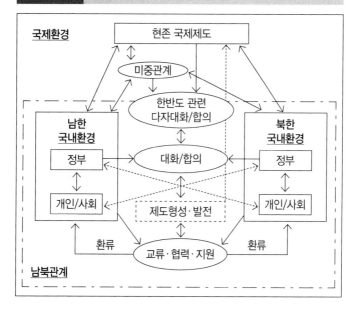

을 포기하지 않을 경우에 항상 실천될 수밖에 없는 행위들이다. 또한 '미중관계'는 동북아 지역의 질서를 규정하는 중요한 변수로서 남북한이 어떻게 통제할 수는 없지만, 미중관계를 결정하는 미국과 중국의 행위가 남북관계에 큰 영향을 미친다. 여기서 한 가지 주목할 것은 '한반도 관련 다자대화와 합의'는 남북관계 차원과 국제환경 차원에 공통적으로 걸쳐 있다. 6자회담은 대표적인 사례이다. 이러한 대화에서는 주변 강대국들의 이익과 남북한의 이익을 조정하는 과정에 여러 변수가 작용할 수 있지만, 대체로 두 가지 가능성을 생각해볼 수 있다. 하나는 제도화의 수준과 관련된 국제질서의 성격이 결정력을 갖는 경우이며, 다른 하나는 남북한의 의지가 중요한 결정 변수로 작용하는 경우이다. 과거를 되돌아보면, 전자의 경우가 대부분이었으며, 후자의 경우는 2005년 6자회담의 '9·19 공동선언' 사례에서 보듯이 남북한 사이의 대화가 지속적으로 이루어짐으로써 양적·질적으로 관계가 개선되고 이를 통해 남북한 사이에 신뢰가 일정 수준에 이르렀을 때 가능했다. 이러한 상황이 만들어지기 위해서는 이슈 내 거래 — 군사이슈, 경제이슈, 정치이슈, 사회이슈 각각의 문제해결 — 와 이슈 간 연계(issue-linkage) — 경제와 정치(또는 안보)의 상호 등가적 교환 — 가 요구된다. 지금까지의 경험으로는 현실적으로 이슈 간 거래가 유용했다. 남북교류·협력에 대북 경제지원과 같은 대가지불이 있었던 것은 잘 알려져 있다. 반면에 남북한 사이의 대화가 단절되고 전반적으로 침체된 상황이라면, 국제환경 변수의 결정력이 주요 변수가 된다. 만약 북한 핵문제 등의 해결을 위한 국제적 대화나 합의 과정에 남한이 동참할 수 있는 기회가 줄어든다면, 한반도 문제해결 자체가 미중관계의 역학구도 속에서 표류할 가능성이 매우 높아질 것은 분명하다. 요컨대 남북관계의 제도화 수준이 낮을수록 국제환경 차원의 제도나 행위가 더 강한 영향력을 가지는 것은 당연하다.

따라서 남북관계에서 대화가 활성화되기 위해서는 현실적으로 대북정책이 관여정책적 성격을 가질 수밖에 없다. 관여정책의 추진을 위해서는 국민적 지지는 물론이고 많은 인내가 필요하다. 그러나 남북 교류·협력의 성과와 실패는 남한주민들에게 이중적인 인식을 남겼고 남남갈등을 증폭시켰다. 남북 교류·협력의 경험들이 남북한에 각각 영향을 미치는 환류과정은 국내정치·사회적 소통의 절대적 필요성을 보여준다. 남북 교류·협력은 북한내부에도 어떠한 영향을 미쳤을 것으로 추론된다. 폐쇄적인 사회이기 때문에 실증하기는 어려우나, 사회변화의 흐름에 일조했을 것이라는 점은 북한 정권이 여러 교류·협력 사업들에서 남한의 영향력을 최대한 차단하려 노력한 것에서 간접적으로나마 유추될 수 있다.

어쨌든 남북대화와 교류·협력이 증가하면, 시간은 걸리겠지만 관계의 제도화가 진전될 것이고, 이에 따라 남북한의 정부와 사회 간 상호이해의 증진 가능성이 일정 수준으로 높아질 수 있을 것으로 예상된다. 남북관계가 제도화되면, 한반도 문제에 관한 국제대화는 물론이고 동북아 지역제도에도 직·간접적인 영향이 있을 것이다. 예컨대 미중의 경쟁구도가 한반도 문제에 미치는 영향을 온전히 배제할 수는 없겠지만, 결정요인으로서의 영향력을 약화시킬 수도 있다. 이와 반대로 미중관계가 결정요인으로 작용하게 되는 상황이라면 남한정부의 소위 통일외교는 별로 큰 의미를 갖기 힘들다. 세계차원에서 전개되는 미중의 이익갈등에 남한이 어떠한 변화의 모멘텀을 능동적으로 만들기 힘든 것은 주지의 사실이다. 잘하면 강대국 국민들을 대상으로 공공외교의 성과를 거둘 수는 있으나, 결정적인 변화를 이끌어내기는 어렵다. 그렇다면 통일외교에 역량을 소진하기보다 남북관계 개선 정책에 상대적으로 더욱 집중하는 것이 현명한 선택이 될 수 있다. 비용 대비 효용을 따지는 목적합리성에 따라 정책을 평가할 경우에는 더욱 그렇게 해야 할 것이다.

도표 10.1의 개념도를 힘의 논리로 읽는다면 국제환경의 제도가 현실적으로 높은 위상을 가지는 것은 분명하다. 그러나 제도변화의 과정을 거치면서 국내환경에서는 문명화, 민주화 및 경제발전이, 남북관계에서는 대화와 교류·협력이, 그리고 국제환경에서는 다자주의적 협력이 제도적으로 정착되고 발전한다면, 각 차원의 제도들 사이에 원활한 선순환 과정이 이루어짐으로써 그 위상 차이로 인한 영향력은 약화될 수 있을 것이다. 물론 이러한 이상적인 제도변화가 발생한다는 보장은 없지만, 그 가능성을 전면 부인할 수는 없다. 그렇

다면 미래의 가능성에 대해 눈감을 수 없는 현실에서 힘의 논리만을 추종할 것인지, 아니면 주어진 여건 속에서 제도변화의 동인을 만드는 전략행위에 집중할 것인지의 선택이 남아 있다. 한국은 비록 주변 강대국과의 비교에서 상대적으로 힘이 약하지만 보수든 진보든 어떠한 한국정부도 한반도 평화와 통일정책의 추진을 포기할 수는 없을 것이다. 따라서 어떠한 정부도 제도변화의 선순환을 일으키려는 노력을 거부하기는 매우 어렵다. 요컨대 도표 10.1은 결국 한국정부의 한반도 정책이 북한과의 소통을 통한 남북관계의 발전 및 제도화에 중점을 둘 수밖에 없는 이유를 보여주고 있다.

도표 10.1의 개념도가 한반도 문제 해결을 위한 과제 실천의 작동방식을 공간적으로 보여주는 것이라면, 도표 10.2는 동일한 내용을 시간적인 흐름에 중점을 두고 묘사한 것이다. 이 도표에서는 분단의 평화적 관리가 성공적으로 추진되기 위해서 한반도 정전체제를 종식시키고 평화체제를 정착·진전시키는 것이 분단의 평화적 관리의 핵심이며, 평화체제가 진전됨에 따라 미래의 어느 시점에 평화통일이 가능하다는 점을 보여주고 있다. 앞에서도 누차 강조했듯이 한반도 평화통일은 분단의 평화적 관리를 통해 이루어진 성과가 누적될 때 실현될 가능성이 높기 때문이다. 물론 한반도 내외로부터 급변사태가 발생함으로써 예상치 못한 통일 가능성도 온전히 배제할 수 없으나, 예측하기 어려운 가능성에만 매달리는 것은 합리적이지 못하다. 급변사태라는 예외적인 상황도 분단

의 평화적 관리 정책에서 항상 하나의 대안으로 고려되어야 하는 것이 필요하다. 이 대안은 아마도 독일사례에서 시사점을 찾는다면 보다 쉽게 마련될 수 있을 것이다. 어쨌든 도표 10.2는 한반도 문제를 구성하는 세 차원의 각 과제들이 어떻게 연계적으로 실천되고 성취될 때, 평화협정 체결과 평화체제의 정착 및 진전이 마침내 평화통일로 이어질 수 있는지를 개념적으로 보여주고자 한다. 도표 10.1에 대한 앞의 설명을

도표 10.2 한반도 문제 해결을 위한 과제들의 실천 로드맵

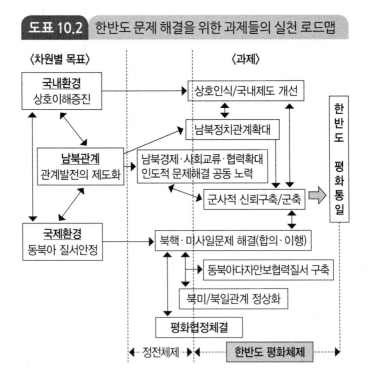

이해하면, 도표 10.2가 무엇을 말하려는지 충분히 알 수 있다고 판단되기에 중복되는 설명은 생략한다.

도표 10.2의 로드맵은 하나의 개념도이며 실제로 실천과정에는 여러 종류의 협상과 타협이 이루어지며 다양한 전략들이 각축하게 될 것이다. 어떠한 협상, 어느 수준에서의 타협, 그리고 어떠한 전략들이 필요한지에 대한 구체적 논의는 대체로 정책전문가들의 몫이다. 일반 국민들도 관심을 가질 수 있으나, 이를 제대로 이해하기 위해서는 체계적 교육과 훈련이 필요하다. 이 책은 입문서 수준에 머무는 것이기 때문에 전략들에 대해 자세한 설명을 담지는 않을 것이다. 다만 도표 10.1과 도표 10.2를 통해서 일반 국민들이 정부의 전략 선택에 대해 그 의도와 결과를 충분히 이해하고 예측할 수 있도록 도움을 주고자 한다. 무엇보다 이를 통해 한반도 문제의 복합구조를 시공간적으로 이해함으로써 어떠한 전략적 선택이 어떠한 목표를 위한 것인지, 현실적으로 소기의 효과를 거둘 개연성이 있는지, 그리고 그 선택이 단기적 또는 중장기적으로 어떠한 결과를 낳을 수 있을지 등을 판단하거나 평가할 수 있는 기준이 확립될 수 있기 때문이다.

이 맥락에서 전략선택의 기본태도와 관련하여 한 가지 지적해야 할 것이 있다. 한국사회의 남남갈등이 초래하는 정책적 일관성 부족을 극복하기 위해서 요구되는 태도 문제이다. 남한의 대북·통일정책은 보수와 진보진영의 '강압정책'과 '관여정책'이라는 상반된 기조 탓에 정책일관성이 매우 부족한 것은 이미 앞에서 자세하게 설명했다. 보수와 진보진영은 각자의 정책이 소기의 성과를 거둘 수 없었던 이유를 정권교체에 따라 정책이 지속될 수 없었기 때문이라고 변명하곤 한다. 부정할 수 없는 사실이기는 하지만, 더욱 근본적인 이유는 양진영 모두 '실용적 접근'에 대해 숙고하지 못한 탓으로 보인다. 탈냉전시대에 접어들어 비단 국내환경뿐만 아니라 세계및 동북아 지역 환경에서 강압이나 관여의 어떠한 정책도 환경적 도움을 받기 힘든 것이 현실이다. 그렇다면 그러한 현실을 헤쳐나갈 수 있는 적절한 접근방법을 선택하는 것이 필요하다.

냉전시기 미소관계나 동서유럽관계에서 서방진영의 정책현실도 현재의 한반도와 크게 다르지 않았다. 서방의 노력에도 불구하고 소련이나 동유럽에서 사회주의체제의 경로 의존적 흐름은 지속되었지만, 누구도 예측하지 못한 시점에 변곡점이 도래했다. 냉전시대에는 예측하기 어려웠으나, 오늘의시점에서 변화의 역사를 되돌아보면, 그 변곡점은 서방의 관여정책과 강압정책이 중첩적으로 혼용되는 가운데 눈에 띄지않게 오랜 기간동안 공산사회의 저층에 스며들었던 관여의효과가 마침내 '페레스트로이카'와 공명을 일으킴으로써 발생했다.

이러한 역사적 경험들이 남북관계에 던지는 몇 가지 중요한 시사점이 있다. 역사적 경험들은 일차적으로 커다란 저항을 야기하는 즉각적인 변화 동력 마련에만 치중하기보다 변화 동력을 점진적으로 축적해 나가는 것의 필요성을 분명하게 보여준다. 또한, 강압이나 제재가 필요한 경우에는 그것이 목표 자체가 아니라 대화 및 협상, 그리고 협력을 효과적으로 이끌어가기 위한 수단으로서 활용될 때 큰 의미를 가질 수 있다는 점을 알려준다. 더욱 결정적으로는 관여정책이나 강압정책에서 공통적으로 발견되는 전제, 즉 남한의 정책이 북한체제의 변화를 직접적으로 유도 내지 촉진할 수 있다는 생각이 실제로는 근거 없는 것임을 깨닫게 한다.

냉전종식 이후 한반도에서도 북한체제가 나름대로 내구력을 가지고 있다는 사실이 확인되고 있다. 그러므로 북한의 급변을 완전히 배제할 수는 없다고 하더라도, 북한체제의 급변이나 불변에 초점을 맞추는 특수상황 지향의 정책보다는 현실을 직시하는 실용적 접근이 필요하다. 실용적 접근은 무원칙적인 임기응변과 결코 동의어가 아니다. 실용적 접근에는 반드시 염두에 두어야 할 점이 몇 가지 있다. 첫째, 미래전망이 '자기충족적 예언'에 따르지 않도록 해야 한다. 예컨대 강압정책에 따른 북한의 내적 붕괴, 또는 관여정책에 따른 기능주의적 자동변화를 전제로 정책을 추진하지 말아야 한다. 둘째, 전략의 선택과 관련된 것으로서 전략의 원칙에 집착하기보다, 한반도 평화라는 더 큰 원칙의 틀 속에서 정책적 유연성을 발휘할 준비가 있어야 한다. 상대가 있는 게임에서 특정 전략적 원칙만 고집하면 소기의 정책적 성과를 거두기 어렵기 때문이다. 셋째, 이렇듯 실용적인 접근태도가 아무리 중요하다고 해도, 정책의 궁극적 목표를 벗어나는 '본말전도(本末顚倒)'의 상황이 발생할 가능성을 항상 경계해야 한다. 분단의 평화적 관리나 평화통일은 국민 개개인은 물론이 남북한의 사회와 한민족, 나아가 동북아와 세계 인류의 더 나은 삶을 추구하기 위한 것이라는 사실을 결코 망각하지 말아야 한다. 통일에 집착하거나 특정 차원의 당면 목표달성에 매달려 평화를 잠시라도 잊어버린다면, 이는 마치 '수술은 성공했으나, 환자가 사망한 것'과 다름없는 결과를 거둘 수 있음을 명심해야 한다.

참고문헌

한글문헌

김학성. 『한반도 평화체제에 대한 이론적 접근: 현실주의, 자유주의, 구성주의의 비교』. 서울: 통일연구원, 2000.

_____. "대북·통일정책의 변증법적 대안 모색: '통일대비'와 '분단관리'의 대립을 넘어서." 『정치·정보연구』 제15권 1호 (2002).

_____. 『남북한 관계의 제도적 발전: 이론과 실제』. 서울: 통일연구원, 2002.

_____. "미·중관계의 변화 전망과 북한의 '자주적 생존전략'의 미래." 『세계지역연구논총』 31집 1호 (2013).

_____. "한반도 문제의 해결방법에 관한 제도주의적 접근." 『한국과 국제정치』 제32권 제2호. 서울: 극동문제연구소, 2016.

김학성·고상두(편). 『통일의 길 위에 선 평화: 한반도 문제의 구조적 이해』. 서울: 박영사, 2019.

박순성·최진욱. 『통일방안의 변천과정: 1945~1993』. 서울: 민족통일연구원, 1993.

백낙청. "분단시대의 최근 정세와 분단체제론." 『창작과 비평』 제22권 제3호 (1994).

손호철. "남남갈등의 기원과 전개과정." 경남대학교 극동문제연구소 편. 『남남갈등: 진단 및 해소방안』. 서울: 경남대학교 극동문제연구소, 2004.

심지연. 『남북한 통일방안의 전개와 수렴』. 서울: 돌베개, 2001.

윤영관(편). 『독일통합과 한반도』. 서울대학교 국제문제연구소 총서 31. 서울: 사회평론아카데미, 2019.

이삼열. "비판적 평화연구란 무엇인가." 이호재 편. 『한반도평화론』. 서울: 법문사, 1989.

이우영. "대북지원 20년: 남한 민간단체의 대북지원 역사와 의의." 『남북관계 개선과 향후 대북지원 발전방향 모색』. 대북지원 20년 백서 발간 기념토론회. 정동 프란치스코회관 (2016년 5월 19일).

이종석. 『분단시대의 통일학』. 서울: 한울, 1998.

이화여대 통일학연구원(편). 『남북관계사: 갈등과 화해의 60년』. 서울: 이화여대 출판부, 2009.

정용덕 외. 『신제도주의 연구』. 서울: 대영문화사, 1999.

조한혜정 외. 『탈분단 시대를 열며: 남과 북, 문화공존을 위한 모색』. 서울: 도서출판 삼인, 2000.

통일부. 『2021 통일백서』. 서울: 통일부, 2021.

외국어문헌

Adler, Emanuel. "Conditions(s) of Peace." *Review of International Studies* Vol.24 Special Issue (Dec. 1998).

Boulding, Kenneth E. *Stable Peace*. Austin: Univ. of Texas Press, 1978.

Carr, E. H. *Conditions of Peace*. London: Macmillan, 1942.

Czempiel, Ernst-Otto. "Der Friede – sein Begriff, seine Strategien." *Beiträge zur Konfliktforschung* Nr.4 (1988).

Deutsch, Karl W. et als. *Political Community and the North Atlantic Area*. Princeton: Princeton Univ. Press, 1957.

DiMaggio, Paul J. & Walter W. Powell (eds.). *The New Institutionalism in Organizational Analysis*. Chicago: the Univ. of Chicago Press, 1991.

Doyle, Michael W. "Kant, Liberal Legacies, and Foreign Affairs."

in M. E. Brown, S. M. Lynn-Jonnes, & S. E. Miller (eds.). *Debating the Democratic Peace*. Cambridge, Mass.: The MIT Press, 1996.

Galtung, Johan. "Violence, Peace, and Peace Research." *Journal of Peace Research* No.6 (1969).

Galtung, Johan. *Peace by Peaceful Means:Peace and Conflict, Development and Civilization*. London: Sage Publications, 1996.

Haas, Ernest B. *The Uniting of Europe: Political, Social and Economic Forces 1950—1957*. Stanford, Calif.: Stanford Univ. Press, 1959.

Hall, Peter A. & R. C.R. Taylor. "Political Science and the Three New Institutionalism." *Political Studies* Vol.XLIV (1996).

Herz, John H. "Idealist Internationalism and the Security Dilemma." *World Politics* No.2 (1950)

Ikenberry, G. John & Michael Mastanduno. (eds.). *International Relations Theory and the Asia-Pacific*. New York: Columbia University Press, 2003.

Kahler, Miles. "Multilateralism with Small and Large Numbers." in John G. Ruggie (eds.). *Multilateralism Matter The Theory and Praxis of An Institutional Form*. N.Y.: Columbia Univ. Press, 1993.

Keohane, Robert O. *International Institutions and State Power: Essays in International Relations Theory*. Boulder: Westview Press, 1989.

Kim, Hak-Sung. "Contending Unification Formulas on the Korean Peninsula and Tasks for Future Research." *Journal of peace and Unificatio* Vol.1, No.1 (Spring 2011).

March, J. G. & J. P. Olsen. "The Institutional Dynamics of International Political Orders." *International Organization* Vol.52, No.4 (Autumn 1998).

Martine, Lisa. "The Rational State Choice of Multilateralism." in

John G. Ruggie (eds.). *Multilateralism Matters: The Theory and Praxis of An Institutional Form*. N.Y.: Columbia Univ. Press, 1993.

Mitrany, David. *A Working Peace System*. Chicago: Quadrangle Book, 1943.

Morgenthau, Hans J. *Politics Among Nations: The Struggle for Power and Peace*, 5th Ed. N.Y.: Alfred A. Knopf, 1973.

Senghaas, Dieter. "Frieden als Zivilisierungsprojekt." *Den Frieden denken*. Hrsg. von. D. Senghaas. Frankfurt a.M.: Suhrkamp, 1995.

Waltz, Kenneth N. *Theory of International Politics*. Reading, Mass.: Addison-Wesley, 1979.

찾아보기

저자소개

김학성 (khs04101@gmail.com)

서울대학교 독어독문학과 졸업
연세대학교 정치학 석사
독일 뮌헨대학교(LMU) 국제정치학 박사 (Dr. Phil.)

현 충남대학교 정치외교학과 교수
　　통일부 정책자문위원
　　한독통일자문위원회 위원

한국정치정보학회 회장
전국대학통일문제연구소협의회 상임대표
통일연구원 선임연구위원 역임

주요 논저
『통일의 길 위에 선 평화』(박영사, 편저)
『독일통합과 한국』(사회평론아카데미, 공저)
"한반도 문제의 해결방법에 관한 제도주의적 접근"「한국과 국제
　　정치」
"남북 및 북미정상회담 이후 한반도 평화정착의 추진방향과 실
　　천과제"「정치·정보연구」외 다수